잘할 수 있다면
더욱 연구하여 세계
최고가 되자.

_______________님의 소중한 미래를 위해
이 책을 드립니다.

**교보증권** 해외선물 실계좌 투자대회 3회 **불패왕** 등극

# 주식 실전투자 노하우

실전프로 **강현수** 지음

율곡출판사

# 추천사

우리가 가끔 서점에 들러보면 지나칠 정도로 많이 보이는 책자들 중 하나가 아마 주식투자에 관한 책일 것입니다. 그래서 처음에는 현혹스러운 문구의 책에 눈이 먼저 가지만 이런 저런 책들을 뒤적거리다 보면 이 책이 저 책 같고, 저 책이 이 책 같다는 생각을 하면서 구입을 망설였던 경험이 있을 것입니다.

제가 이 책을 적극 권해드리고 싶은 이유는 간단하고도 명확합니다. 먼저 이 책은 누구나 쉽게 이해할 수 있도록 쓰여졌습니다. 일반적으로 한 권의 책에는 적어도 한 가지 이상의 배울 점이 있다고들 합니다. 이 말은 적어도 어떤 책이든 끝까지 읽었을 때 해당되는 말일 것입니다.

주식 관련 책에 관한 한 유능한 필자의 첫 번째 조건은 자신의 이론과 생각들을 투자자들이 이해하기 쉽도록 전달하는 것입니다. 왜냐하면 아무리 좋은 책이라도 읽지 않으면 책은 하나의 종이 뭉치에 불과하니까요.

만약 여러분들이 본서를 접하게 된다면 이해하기가 어려워 읽기를 그만두는 그런 경우는 없을 것입니다.

둘째는 이 책이 30년간의 직접 투자로 꾸준한 고수익을 올리고 있는 실전투자의 경험이 많은 주식고수에 의해 쓰여졌다는 것입니다. 이 책을 추천하게 된 것도 이 책의 필자가 이론을 실전에 적용시키면서 끊임없이 연구와 노력을 해나가는 진정한 프로라는 판단을 했기 때문입니다.

특히 강현수 소장은 교보증권에서 주최한 실계좌 실전투자 대회에서 불패왕 상패를 3회 수상한 실전에 강한 실전고수라는 점에서 많은 투자자들에게 실질적으로 큰 도움이 될 것으로 확신합니다.

아무쪼록 필자의 메시지가 안개 속 같은 증권시장의 흐름을 파악하고 실물투자에 도움을 주는 길잡이 역할을 할 수 있기를 기대합니다. 그리고 본서가 실전주식 투자자에게 많은 도움이 될 것으로 단언하며 추천하는 바입니다.

행정자치부 장관(전), 경남도지사(전), 국회의원(현) **김두관**

# 머리말

어제는 증권사 지점장과 통화를 하였다. 그는 요즘 3가구 중 1가구꼴로 증권계좌를 가지고 있다고 말하였다.

어느덧 이렇게 주식투자가 우리 경제생활 깊숙이 녹아들어와있는 요즘 주식투자에 대한 제대로 된 투자 서적이 꼭 필요하다고 하겠다.

이런 연유로 필자는 30년 투자 내공을 바탕으로 투자자들이 쉽게 이해할 수 있도록 핵심 내용을 간단하게 요점만 정리하여 본서를 구성하였다.

먼저 Q&A를 통해 주식투자에 대한 기초 지식들을 설명하였고, 기본적 분석을 통해서는 좋은 주식을 쉽고 간단하게 구분하는 방법을, 기술적 분석을 통해서는 매매기법 등을 제시하였다.

사실 주식투자에서 알아야 하는 지식은 끝없이 많지만 필자가 집필한 본서의 핵심 내용만 제대로 알고 투자를 해도 충분히 마음 편히 성공투자를 할 수 있다고 단언한다.

재수 없으면 100살까지 산다는 우스갯소리가 있다. 이는 인간의 수명이 길어지면서 노후에 사용할 자금이 바닥날 가능성이 높아져 오래 산다고 마냥 기뻐할 수만은 없기 때문에 나온 말이다. 그러나 주식투자는 나이에 관계없이 평생 직업이 될 수 있다.

본서가 투자자 여러분들의 행복한 투자, 성공하는 투자자의 길로 안내하는 밝은 등대가 되어주길 두 손 모아 빈다.

2019. 3. 10

**주식 실전투자 연구소 소장** 강현수

# 차 례

PART 01

# Q&A
# 무엇이든 물어보세요

# 주식 무엇이든 물어보세요

**Q** 주식에 왜 투자를 해야 하나요?

**A** 만약 여러분이 1억 원이라는 돈을 모아서 은행에 예금을 해두면 상품에 따라 조금 다르겠지만 약 연 1.5%의 이자를 받게 됩니다.

그런데 시중물가는 5~10%가 오르는 것이 현실입니다. 그렇기 때문에 은행에 예금한 금액이 크면 클수록 시간에 비례해서 손실은 눈덩이 굴리듯이 더 커질 수밖에 없는 구조입니다.

물론 은행에 저금한 돈은 예금자보호법에 따라서 5,000만 원까지만 예금보호를 받을 수 없다는 불리함도 감수해야 합니다.

장기투자 실질 수익률을 다음 그래프에서와 같이 역사적 통계를 통해 살펴보면 달러 < 금 < 채권 < 주식 순입니다.

장기투자 수익률

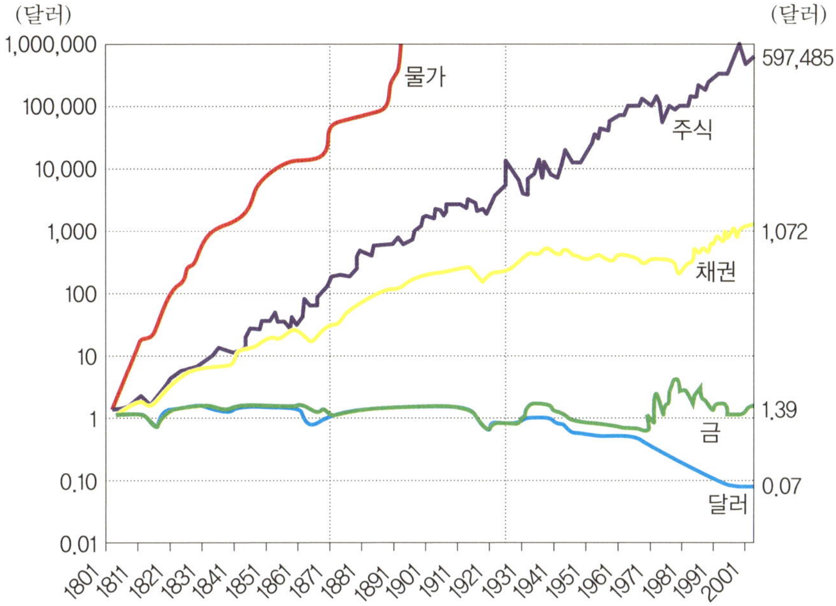


※ 주식 수익률이 가장 높다.

결국 주식투자 수익률이 가장 높은 것을 확인할 수 있습니다.

그렇기 때문에 우리는 가만히 앉아서 손해를 보는 일이 발생하지 않게 하기 위해서도 반드시, 무조건 주식투자를 해야만 하는 것입니다.

Q 주식투자를 할 때 어떤 회사에 투자를 해야 하나요?

A 주식투자를 할 때는 아무 회사나 투자하는 것이 아니고 내가 투자할 회사의 기본적 분석과 기술적 분석을 제대로 한 이후에 주식투자를 해야만 합니다. 그것이 성공투자의 지름길입니다.

필자가 본서에서 설명해 드리는 기술적 분석과 기본적 분석을 충분히 소화하시면 어렵지 않게 이기는 실전투자를 할 수 있을 것입니다.

Q 가치투자란 무슨 뜻입니까?

A 어떤 회사의 가치보다 낮은 가격에 거래되는 주식에 투자하는 것을 말합니다. 예컨대 순자산이 1,000억 원인 회사의 시가총액(주식수 × 주가)이 700억 원에 머무르고 있다면, 즉 순자산 > 시가총액의 평가를 받고 있는 기업에 투자하는 경우를 가치투자라고 할 수 있습니다.

**Q** 교수님 강의를 들어보면 꼭 기본적 분석과 기술적 분석을 접목해서 투자를 하라고 강조하시는데 왜 두 가지를 함께 검토해야 하나요?

**A** 기본적 분석을 통해서 안전성, 수익성, 성장성을 알 수 있고, 기술적 분석을 통해서 현재 주가가 역사적 고점인지 역사적 저점인지 알 수 있습니다. 또 매수 · 매도 맥점도 잡을 수 있다는 장점이 있습니다. 또한 거래량 분석을 통해 매수 주체의 에너지를 파악할 수가 있기 때문에 반드시 기본적 분석 + 기술적 분석 = 투자종목 선정을 해야만 합니다.

**Q** 시장가치란 무슨 뜻입니까?

**A** 주식시장에서 사고파는 특정 기업의 가치로 시가총액을 말합니다.

**Q** 장부가치란 무슨 뜻입니까?

**A** 재무제표에 나타나 있는 가치를 말하며 자본총계(순자산가치)를 말합니다.

**Q** 청산가치란 무슨 뜻입니까?

**A** 특정 기업을 청산할 경우 받을 수 있는 가치를 말합니다.

**Q** 내재가치란 무슨 뜻입니까?

**A** 기업이 보유한 자산으로 미래에 창출할 수익력을 말합니다.

**Q** 재무제표의 종류에 대해서 좀 알려주실 수 있겠습니까?

**A** 재무제표는 기본적 분석의 활용도구로 사용됩니다. 재무제표를 간단히 말씀드리자면

재무상태표 ⇒ 자산, 부채, 자본의 자산 구성 및 재무 상태 파악

손익계산서 ⇒ 회사의 수익창출 능력 파악

현금흐름표 ⇒ 회사의 현금흐름을 파악

이익잉여금 ⇒ 처분계산서 ⇒ 이익의 처분 내용 파악

자본변동표 ⇒ 자본의 증감 내역 파악

주석 ⇒ 재무제표 주요사항 상세 내용 등이 있다고 설명드릴 수 있습니다.

더 쉽게 설명드리자면 재무상태표는 현재 가지고 있는 재산 상태를 말하고 손익계산서는 연봉으로 생각해도 무리가 없습니다. 현금흐름표는 가계부라고 이해하시면 되겠습니다.

Q 즉흥적인 매매와 원칙적인 매매는 어떤 차이가 있나요?

A 아래 표로 구분해서 설명드리겠습니다.

| 구 분 | 즉흥적 매매 | 원칙적 매매 |
|---|---|---|
| 투자방법 | 충동매매, 뇌동매매 | 미래성장 가치투자 |
| 종목 선정 | 뉴스, 인터넷, 차트, 테마 | PER · ROE · PBR 가치 및 성장지표 분석 |
| 심 리 | 불안, 근심, 스트레스 | 여유, 즐김, 평상심 |
| 결 과 | 손실, 후회, 실패 | 희망, 성공, 환희, 고부가가치 |

Q 주식투자도 적절한 시기가 있는지요?

A 금리, 환율, 물가, 유가, 국제수지, 경제성장률, 실업률, 부동산 등 거시경제 지표를 먼저 살펴보고 투자할 타이밍을 잡아보기를 권합니다. 만약 개인 투자자의 입장에서 거시경제 지표의 분석이 어려울 경우 대체 수단으로 종합주가지수 장기 추세를 추종하는 매매를 해도 이기는 투자를 할 수 있을 것입니다.

**Q** 주식투자를 할 때 거래량이 중요할 것 같은데 거래량에 대해서 설명해 주신다면?

**A** 주가가 상승할 때는 거래량이 늘어나고, 주가가 하락할 때는 거래량이 감소해야 정상적인 패턴이라고 볼 수 있습니다. 주가가 상승하는데 거래량이 감소하거나 주가가 하락하는데 거래량이 증가한다고 하면 특이한 거래량이라고 볼 수 있습니다. 주가상승 후 거래량이 줄며 조정을 보이는 것은 좋은 주가의 흐름이고, 하락하던 주가가 거래량이 늘면서 양봉 또는 아래 꼬리를 단 캔들이 출연하면 매수 관점으로 볼 수 있겠습니다. 또 거래량을 이용한 추세 분석이 가능한데 차트 1 ~ 차트 3까지 디테일하게 분석해 보면 더욱 이해가 빠를 것입니다.

**차트 1 거래량을 이용한 추세 분석** CJ

**차트 2 거래량을 이용한 추세 분석** 조비

**차트 3 거래량을 이용한 추세 분석** 에쓰씨엔지니어링

**Q** 국내 주요기업별 신 성장 동력에 대해서 좀 알려주실 수 있을까요?

**A**

| | |
|---|---|
| 삼성 | 태양전지, 자동차용 전지, 바이오 제약, 의료기기 |
| 현대자동차 | 하이브리드카, 연료전지 |
| SK | 무공해 석탄에너지, 해양 바이오연료, 태양전지, 이산화탄소 자원화, 그린카 수소연료전지 |
| LG | 태양전지, 차세대 조명, 차세대 전지, OLED |
| GS | 원전, 신소재, 2차 전지, 신재생에너지 |
| 현대중공업 | 태양광, 풍력발전, 원전, 해상운송업 |
| 두산 | 풍력 · 연료전지 등 신재생에너지, 원자력 설비 |
| 한화 | 태양광 등 에너지사업 |
| LS | 신재생에너지 분야, 하이브리드 & 전기자동차 |

**Q** 주식투자를 할 때 꼭 피해야 할 종목은 어떤 것들인가요?

**A**

1. 재무 상태가 지속해서 적자인 기업
2. 투자위험, 투자경고 등에 자주 지정되는 기업
3. 사업 내용이 급변하는 기업
4. 대표이사 변경 및 경영진 퇴임이 잦은 기업
5. 유상증자 및 감자 결정이 잦은 기업

**Q** 주가에 영향을 미치는 주요 경제지표는 어떤 것들이 있나요?

**A**

원유재고 감소 ⇒ 유가 상승

원유재고 증가 ⇒ 유가 하락

실업률 감소 ⇒ 주가 강세

실업률 증가 ⇒ 주가 약세

ISM 제조업지수 50 미만 ⇒ 주가 약세

ISM 제조업지수 50 이상 ⇒ 주가 강세

잔고 감소 ⇒ 증시 약세

잔고 증가 ⇒ 증시 강세

소비심리지수 감소 ⇒ 주가 약세

소비심리지수 증가 ⇒ 주가 강세

생산자물가지수 하락 ⇒ 증시 약세

생산자물가지수 상승 ⇒ 증시 강세

경기선행지수 감소 ⇒ 증시 약세

경기선행지수 증가 ⇒ 증시 강세

GDP 감소 ⇒ 증시 약세

GDP 증가 ⇒ 증시 강세

**Q** 주식투자를 할 때 언제 매입을 하는 것이 가장 좋습니까?

**A** 주식을 매입하기 가장 좋은 때는 어떤 큰 블랙스완이 발생해서 주가가 본래 가치 대비 많이 하락할 때입니다. 블랙스완이 발생하지 않은 평상시에는 주가가 많이 하락하였는데도 불구하고 그 기업의 영업이익은 꾸준히 늘어날 때 최적의 주식매수 기회가 될 수 있습니다.

**Q** 주가가 금리의 영향을 많이 받나요?

**A** 주가는 금리, 환율, 유가, 해당 기업의 내재가치, 시황 등의 흐름에 따라 상승과 하락을 이어간다고 볼 수 있습니다.

**Q** 주식투자는 우량한 기업을 대상으로 해야 한다고 들었습니다. 우량기업을 어떻게 찾을 수 있나요?

**A** 우량기업을 찾는 방법은 의외로 간단합니다. 매출과 영

업이익이 꾸준히 늘어나고 있고 앞으로 그 회사의 성장 가능성이 충분히 있으면 그 회사는 우량한 투자하기 좋은 기업이 되는 것입니다. 매출과 영업이익이 늘어나는 것은 재무제표를 보면 쉽게 확인할 수 있습니다. 그 회사의 성장 가능성은 경제 · 사회 전반적인 큰 흐름을 보면서 판단해야 합니다. 또 하나의 유의점은 치명적인 경쟁 회사가 많지 않아야 한다는 점입니다.

**Q 저평가 종목은 어떻게 찾나요?**

**A**

1. 유보율이 높고 장기간 배당을 하는 기업
2. 영업이익이 증가하고 PER이 낮은 기업
3. 잉여현금흐름이 많은 기업
4. ROE가 매분기 증가하는 기업
5. 부채가 줄어드는 기업
6. 노출되지 않은 자산이 있는 기업 등을 찾으면 됩니다.

**Q** 강 소장님 강의를 들어보면 재무제표를 볼 때 핵심적인 내용만 보고 주식투자를 해도 된다고 말씀하셨는데, 그 핵심적인 내용에는 어떤 것들이 있나요?

**A** 공인회계사나 세무사들은 재무제표를 기장하고 감사를 하지만 개인 투자자들은 그들이 작성해 놓은 재무제표 중 중요한 항목만 선별해서 보고 판단하면 됩니다.

1. 매출액이 꾸준히 늘어나는지
2. 영업이익이 꾸준히 늘어나는지
3. 부채비율이 낮은지(건설회사, 조선사는 따로 분석 필요)
4. 자본총계 > 자본금의 구조가 좋음
5. ROE는 높을수록 좋음
6. PER은 낮을수록 좋음
7. PBR은 낮을수록 좋음
8. 자본총계 − 자본 = +가 되어야 함
9. 신규주는 청약경쟁률이 높을수록 좋음

앞서 말씀드린 1~9는 반드시 꼼꼼히 체크해야 합니다. 좀 더 구체적으로 종목 검토를 할 투자자는 해당 기업의 재무제표를 검토해 보시면 더욱더 좋겠습니다.

## Q 주식 주문 방식은 어떻습니까?

A

1) 시장가 주문

가격을 지정하지 않고 시장에서 형성되는 가격으로 매매를 하고자 하는 주문입니다. 주문 즉시 체결시키고자 하는 경우 사용하며, 원하는 가격보다 높거나 낮게 체결될 수 있음을 유념해 주시기 바랍니다.

2) 지정가 주문

원하는 주문가격으로 지정하는 주문 형태이며, 가장 보편적으로 사용합니다. 단, 상대방의 가격과 맞지 않으면 체결되지 않을 수도 있습니다.

3) Stop 시장가 주문

지정가 주문의 반대로 가격을 설정하여 주문하는 방식으로 주문 매수의 경우 현재가보다 높은 가격에, 매도의 경우 현재가보다 낮은 가격을 지정해야 하는 것입니다. Stop 시장가 주문의 경우 시장가격이 Stop 가격에 도달하면 시장가 주문으로 전환되어 집행되는 특징을 갖기 때문에 원하는 가격보다 높거나 낮게 체결될 수 있습니다. 흔히 손절주문으로 활용되는 주문 형태입니다.

4) Stop 지정가 주문

주문방식은 Stop 주문과 동일하게 매수의 경우 현재가보다 높은 가격에, 매도의 경우 현재가보다 낮은 가격을 지정하여 주문하는 것입니다. 다만 시장가격이 Stop 가격에 도달 시 주문 시 지정한 가격으로 집행되는 지정가 주문으로 전환되어 집행되는 특징을 갖습니다.

5) OCO 주문

주문 유형이 다른(지정가/Stop) 2개의 주문을 동시에 실행시켜 하나가 체결이 되면 다른 하나는 자동 취소되는 주문 형태입니다. OCO 주문 하나를 취소하고 다른 주문은 Single order로 전환됩니다.

**Q** 저는 투자경력이 10년인데요, 종목 진입과 익절은 잘 하는데 손절을 못해서 낭패를 여러 번 겪었습니다. 손절이 왜 어려울까요?

**A** 손절은 투자를 하다 보면 반드시 하게 됩니다. 손절을

못하는 이유는 진입 시 명확한 매매 기준이 없기 때문입니다. 또 '항상 내가 장을 이길 수 없다'라는 겸손한 마음을 가지고 매매에 임해야 하는데 그런 마인드 없이 아집, 탐욕에 사로잡혀서 자신의 심리를 잘 컨트롤하지 못했기 때문이기도 합니다. 그리고 결정적으로 개인 투자자들이 손절을 잘 못하는 이유는 손절 처리 후 내가 다른 종목으로 수익을 낼 수 있다는 명확한 비책이 없기 때문입니다.

내가 수익을 낼 수 있다면 가벼운 손절은 언제든지 할 수 있을 것입니다. 작은 손실을 인정하고 다른 종목에 들어가서 더 큰 수익을 올리면 되는데 그런 자신과 내공이 없기 때문에 작은 손실을 큰 손실로 키우며 그냥 무대책으로 대응하는 경우가 많습니다. 그래서 앞으로 투자를 할 때는 반드시 진입 시 손절·익절 시점을 명확히 정하고 진입해 들어가라고 조언을 해드리고 싶습니다. 손절이 어려우면 미리 스탑로스를 걸어 놓는 방법도 실천해 보시기 바랍니다. 물론 손절은 가급적 줄이는 것이 더욱 좋겠습니다. 그래서 강현수는 이렇게 이야기합니다. 꼭 필요한 손절은 부득이 해야 하겠지만 가능하면 손절을 줄이셔야 한다고 말입니다. 무슨 뜻이냐면 "손절을 손절하라". 궁극적으로는 "맥점을 찾는 내공을 키워라"는 것입니다.

**Q** 저는 비교적 열심히 투자공부를 하고 투자에 신경을 많이 쓰는데도 불구하고 수익이 잘 나지 않는데 무엇이 잘못된 건가요?

**A** 대체적으로 개인 투자자들의 투자습관을 자세히 살펴보면

첫째, 자신만의 명확한 투자원칙이 없고

둘째, 투자원칙이 성공확률이 높아야 함에도 불구하고 검증이 되지 않은 자신만의 막연한 방식으로 투자습관을 형성해 성공확률이 낮은 반복적 실패 매매를 하는 사람이 많고

셋째, 손실보다 수익이 더 큰 투자를 해야 하는데 그 반대의 투자습관을 가진 분들이 많고

넷째, 자신의 포지션이 어느 정도의 손실 구간에 진입하면 손절을 단행해야 하는데 손실확정이 두려워서 손절을 주저하여 적은 이익, 큰 손실로 이어지게 하는 등의 특징이 있습니다. 따라서 이러한 문제습관들을 의식적 연습을 통해 개선하려는 노력이 필요합니다. 그래야만 안정적이고 지속적인 수익을 올릴 수 있습니다.

**Q** 그래프에서 월봉, 주봉, 일봉, 분봉 등이 있는데 어떤 봉이 가장 중요합니까?

**A** 상위봉 우선원칙에 대해 설명드리면 이해가 빠를 것 같습니다. 기간이 긴 봉이 기간이 짧은 봉보다 더 "중요하다"라고 이해하시면 됩니다. 기간이 긴 봉의 가격 움직임은 기간이 짧은 봉보다 큰 자금 유입을 뜻하므로 장기 봉이 더 중요합니다.

즉, 연봉 > 월봉 > 주봉 > 일봉 > 분봉이라고 말할 수 있으며, 간단히 말하자면 상위봉 우선의 원칙이라고 정의할 수 있습니다.

**Q** 그래프를 보면 일봉, 주봉, 월봉, 분봉 등 여러 가지 그래프가 있는데, 각각의 그래프는 어떻게 다른가요?

**A** 그래프의 기본 구성요소는 캔들, 거래량, 이동평균선인데 봉을 분 단위로 쪼개어서 가격의 움직임을 나타내는 것이 분봉이고, 하루하루의 가격 움직임을 나타낸 것이 일봉이고, 주봉은 가격의 주별 움직임, 월봉은 매월 가격의 움직임을 나타낸 것입니다.

Q 추세와 파동은 어떻게 다른가요?

A 작은 파동이 여러 개 모여 하나의 큰 추세가 만들어집니다. 추세는 파동보다는 거시적인 개념이며 파동은 단기, 추세는 장기의 흐름이라고 표현할 수도 있습니다. 추세를 보고 매수의 마인드로 접근할 것인지 매도의 마인드로 매매의 방향을 잡을 것인지를 판단합니다. 매매를 할 때 어느 자리에서 맥점을 잡아서 진입할 것인지를 결정하면 됩니다. 참고로 덧붙이면 파동보다 더 작은 시세의 움직임이 캔들입니다.

Q 크루드 오일은 어느 나라에서 공급되는 기름을 말하나요?

A 크루드 오일은 미국 오클라호마 쿠싱 지역에서 공급되는 오일입니다. 중동에서 공급되는 두바이유가 있고 영국에서 공급되는 브렌트유도 있습니다.

**Q** 상승반전 캔들 중 주식시장 실전 매매에 잘 맞는 캔들은 어떤 유형이 있을까요? 하락반전 캔들은 어떤 유형이 있을까요?

**A**

1) 상승반전 캔들

▪ 상승장악형

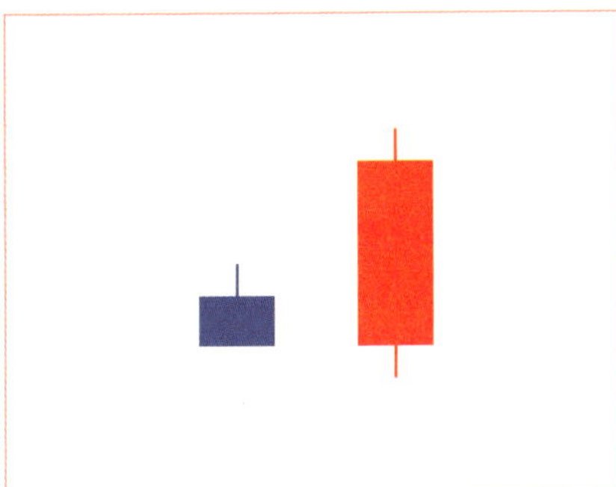

▪ 모닝스타

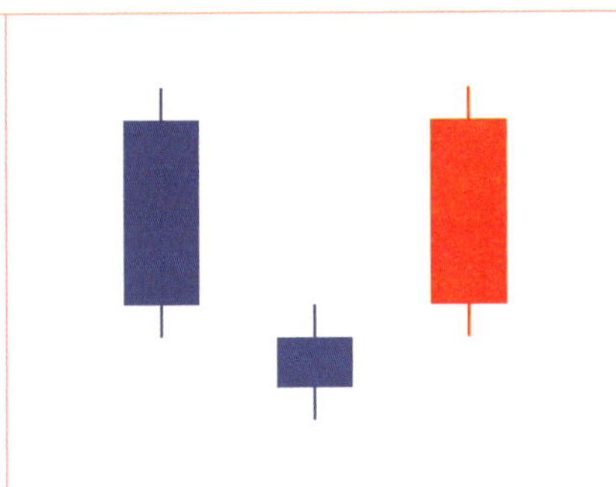

2) 하락반전 캔들

▪ 하락장악형

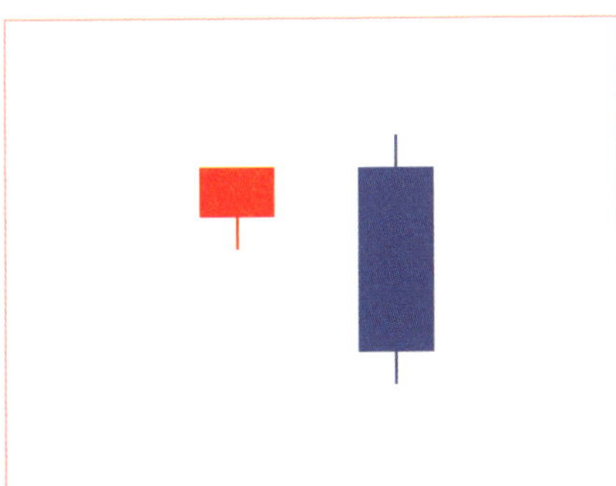

▪ 이브닝스타

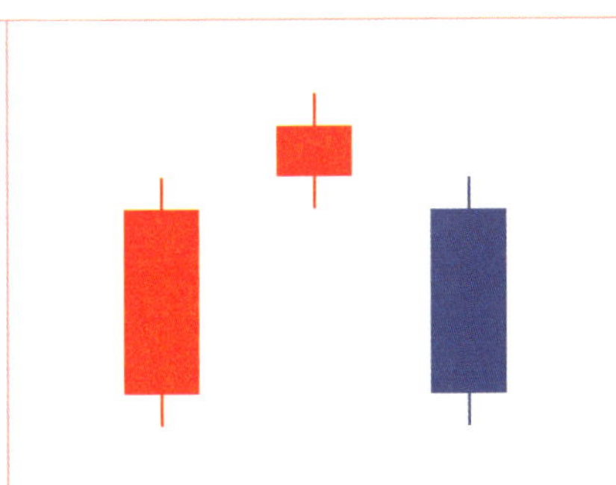

**Q** 기술적 분석에서 누구나 추세를 강조하는데 추세는 정말 중요한가요?

**A** 시장에서는 "항상 추세에 편승하여 거래하라, 추세에 역행하지 말라, 추세는 바로 당신의 친구이다"라는 말로 추세의 중요성을 강조합니다. 주식 실전 매매를 통해 고수익을 올리는 실전프로 트레이더들은 상승 · 하락 · 박스 · 굴곡 구간, 즉 4개의 모든 추세와 파동 구간에서도 수익을 낼 수 있는 자신만의 비책을 지니고 있습니다. 물론 초급 · 중급 수준의 초보 투자자들은 추세가 답일 수 있습니다.

**Q** 글로벌 투자 시장에서 유동성지표를 간단히 체크해 보려면 어떤 지표를 봐야 하나요?

**A** 달러인덱스, 엔화인덱스, 유가, S&P 500, 미국 10년물 국채, 금 등의 가격 흐름을 파악하면 글로벌 투자시장의 유동성을 쉽고 간단하게 파악할 수 있습니다.

**Q** 주식투자 초심자인데, 손절매의 종류는 어떤 것들이 있나요?

**A** 손절매는 매매를 하다 보면 반드시 하게 되는데 투자자 개인이 자신의 상황에 알맞은 손절매 기준을 가지고 손절매를 해야 합니다. 손절매의 종류로는 시간의 손절매, 심리의 손절매, 금액의 손절매, 상황의 손절매로 나눠볼 수 있습니다.

**Q** 주식투자를 할 때 손절과 익절의 비율은 어떻게 잡는 것이 좋나요?

**A** 손절과 익절의 범위는 지지선과 저항선을 고려하여 정하는 것이 합리적입니다.

단기매매는 1 : 3 또는 1 : 4

중기매매는 2 : 10 또는 3 : 20

장기매매는 5 : 50 또는 10 : 100

으로 볼 수 있습니다. 물론 개인의 매매방법에 따라서 달라질 수도 있습니다.

## Q 5일 이동평균선은 어떻게 만들어지나요?

**A** 이동평균선은 가격을 정확히 예측하기 위해 가격의 불규칙함을 제거하고 일정 기간 동안 변동치를 순차적으로 합산한 수치를 해당 분석 기간의 수치로 나누어 얻은 평균 가격을 선으로 나타낸 것을 말합니다. 쉽게 풀어서 설명드리자면

$$\text{오늘 5일선} = \frac{\text{오늘의 종가} + \text{2일 전 종가} + \text{3일 전 종가} + \text{4일 전 종가}}{5}$$

공식으로 5일선을 만들 수 있고 같은 방법으로 20일선, 60일선, 120일선 등의 이동평균선을 만들 수 있습니다.

## Q 통화 바스켓에 대해서 좀 알려주십시오.

**A** 미국 41.7%, 유로 30.9%, 위안화 10.9%, 엔화 8.3%, 파운드 8.1%

**Q** 통화정책과 재정정책은 어떻게 다른가요?

**A** 통화정책은 중앙은행에서 시장에 돈을 뿌려서 경기를 살리기 위해서 시행하는 것입니다. 반면 재정정책은 정부 주도로 고속도로, 철도 등의 인프라 스트럭처를 건설하며 경기부양 분위기를 조성하는 것을 말합니다. 즉, '시장에 양분을 뿌려 시장의 잠재력을 키우는 작업'입니다.

**Q** 주식투자를 하다보니 FOMC에 대해 자주 이야기를 듣곤 하는데 FOMC에 대해 설명해 주십시오.

**A** FOMC(Federal open Market Committee)

미국 연방공개시장위원회의 약정으로 미국의 중앙은행인 연방준비제도이사회 산하에 있는 공개시장 조작정책의 수립과 집행을 담당하는 기구로 한국의 정책 결정기구인 금융통화위원회와 유사한 조직입니다. 총 12명의 위원으로 구성되며, 구체적으로는 연방준비제도이사회 이사 7명과 지역연방은행 총재 5명으로 구성됩니다. 의장은 연방준비제도이사회 의장이, 부의장은 뉴욕연방은행 총재가 맡고 매년 8회 정기회의가 개최됩니다.

금융 상황에 관한 종합적인 분석과 연방준비제도이사회가

추진해야 할 금융정책과 기본 방향을 제시하며 현재 파월이 의장으로 있습니다.

**Q** 주식 실전 매매에서 손절매의 폭은 어느 정도가 적당한지요?

**A** 주식투자의 손절매 폭은 일정치가 않습니다. 왜냐하면 투자자가 단기 매매자인지, 중기 매매자인지, 장기 투자자인지에 따라 손절매 기준 또한 달라집니다. 예컨대 단기 매매자는 분봉을 참고해서 손절매 라인을 설정할 수 있고, 중기 매매자는 일봉을 보면서 손절매 기준을 잡을 수 있으며, 장기 매매자는 주봉과 월봉을 합성해서 손절라인을 설정할 수 있겠습니다.

**Q** 주식투자 초보자인데 주식투자에 잘 맞는 보조지표에 대해서 알려주세요.

**A** 주식투자에 잘 맞는 보조지표는 몇 가지가 있는데 여기서는 RSI에 대해서 말씀드리겠습니다. RSI의 추세 강도와 방향성, 상승폭 등을 검토해 보면 추세의 강도와 방향, 또 갈 자리가 얼마나 남아 있는지에 대해서 쉽게 알 수 있으며, RSI 다이버전

스를 활용하면 더욱더 성공확률을 높일 수 있습니다.

**Q** 주식투자의 구성요소에 대해서 알려주세요.

**A** 매매전략 30%, 자금 관리 30%, 심리 40%

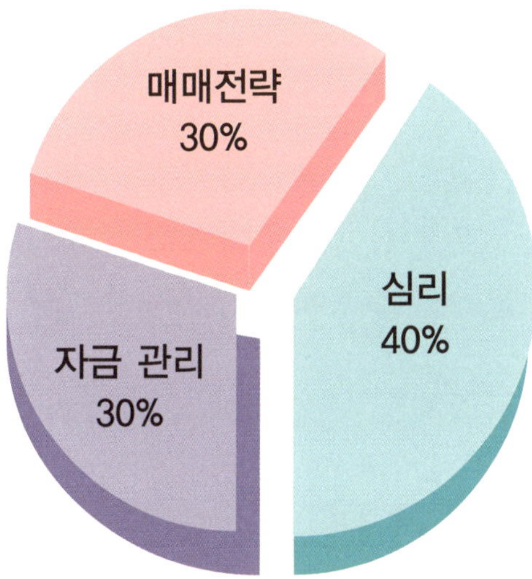

**Q** 주식투자를 할 때 어떤 종목을 매매해야 수익을 극대화할 수 있나요?

**A**

1. 현재 가장 Hot한 종목을 선택
2. 이번 달에 Event가 있는 종목 선택
3. 장기 상승 패턴으로 가는 종목 선택
4. 실적이 좋고 차트도 상승 추세인 종목

말씀드린 대로 투자할 종목을 선택한 후 자신만의 실전비책을 가지고 실전 매매에 임할 때 성공투자가 가능할 것입니다.

**Q** 주식투자에서 성공한 프로 트레이더들의 습관에 대해서 좀 알려주세요.

**A** 〈성공한 실전 프로의 습관〉

1. 술, 담배 금지
2. 복기, 자신만의 원칙, 시장을 보는 눈
3. 자기가 가장 자신 있는 종목만 매매한다.

4. 계좌 관리
5. 건강 관리

**Q** 저는 주식투자를 이번에 처음 알게 되었고 이제 투자에 입문해 보려고 합니다. 어떻게 해야 하나요?

**A** 주식투자를 하기 위해서는

1. 기본적인 주식 지식 공부
2. HTS 사용법 숙지
3. 모의거래 계좌 개설 후 모의투자 연습
4. 기본적 분석, 기술적 분석 공부
5. 실전투자 계좌 개설
6. 투자금 입금
7. 실전거래 시작

1~7 순서대로 공부를 차근차근 해나가는 것이 좋습니다.

**Q** 저는 주식 투자자입니다. 해외선물의 특징에 대해 알 수 있을까요?

**A** 선물거래란 일정한 날짜, 즉 만기일에 상품을 인수도하고 대금을 결제하기로 하는 미래에 대한 지금 현재의 계약을 체결하는 것을 의미합니다. 선물에서 수량 단위를 말할 때 주식에서 1주, 10주라고 말하는 것과 달리 1계약, 10계약 등으로 말합니다. 선물의 최소 가격의 변동 폭은 틱(tick)이라고 말하는데, 각 상품별로 최소변동폭이 0.0001달러에서 0.01달러까지 다양합니다. 선물결제월(月)이란 만기가 도래한 선물의 실물 인수도와 현금결제가 이루어지는 달을 말하는데 각 상품별로 상이하며 대체적으로 매월 분기 월(3, 6, 9, 12) 등에 선물결제월이 지정되어 있습니다.

선물 상품에서 선물가격이 현물보다 높게 형성되어 있는 경우를 콘탱고라고 하고, 선물 가격이 현물가격보다 낮은 경우는 백워데이션이라고 합니다. 해외선물에서 자주 나오는 말 중에 포지션이라는 말이 있는데 포지션이란 미결제 약정의 형태를 의미합니다. 매수 미결제 상태를 매수 포지션이라고 하고 매도 미결제 상태를 매도 포지션이라고 합니다. 미결제 약정이 없는 경우를 스퀘어 포지션이라고 합니다. 또 매수 포지션을 매도주문으로 청산하는 거래를 정매도라고 하고, 매도 포지션을 매수 포지션으로 청산하는 거래를 환매수라고 합니다.

해외선물의 증거금 종류는 개시증거금(선물 포지션에 진입을 할 때 필요한 증거금을 의미한다), 유지증거금(선물계약의 포지션을 유지하기 위한 최소한의 증거금으로 상품별로 차이가 있으며 일반적으로 개시증거금의 85~90% 수준. 만약 정산 후 평가 예탁총액이 유지증거금을 하회한다면 마진콜이 발생하게 된다), 추가증거금(보유 중인 선물 포지션에 손실이 발생할 때 일일정산 시 평가예탁총액이 유지증거금에 못 미칠 경우 마진콜이 발생하게 되는데 이때 해당포지션 청산 없이 포지션을 유지하기 위한 추가적인 증거금을 말한다) 등이 있습니다.

해외선물 상품을 성격에 따라서 크게 구분해 보면 금융선물, 상품선물로 나뉩니다. 구체적으로 설명하자면, 금융선물에는 지수선물(S&P, NIKKE1225, DAX INDEX, H-SHARE), 통화선물(유로, 엔, 파운드, 호주 달러), 금리선물(미국채 2년, 5년, 10년, 30년), 상품선물에는 귀금속 선물(금, 은, 구리), 에너지 선물(원유, 천연가스, 가솔린), 농축산물 선물(밀, 옥수수, 대두)이 있으며, 이외에도 다양한 새로운 선물 상품들이 꾸준히 생겨나고 있습니다.

세계 최초의 상품거래소는 1848년 시카고 상인들에 의해 만들어진 시카고상품거래소인데, 그 이후 세계 여러 곳에서 거래소가 탄생해 서로 간의 합병을 통해서 오늘날에 이르렀습니다. 세계 주요 선물거래소로는 뉴욕상품거래소, 시카고상업거래소, 시카고상품거래소, 대륙간 거래소, 유렉스 홍콩선물거래소, 도

쿄상품거래소, 싱가포르거래소 등이 있습니다.

Q 주식투자를 할 때 이동평균선을 어떻게 활용해야 하나요?

A 이동평균선은 캔들에 비해 상대적으로 장기적인 변동추이를 살펴볼 때 활용됩니다. 가격 이동평균선과 거래량 이동평균선 등이 주로 많이 쓰이는데 이동평균선은 기간에 따라 단기 이동평균선(5일 이동평균선, 10일 이동평균선, 20일 이동평균선), 중기 이동평균선(60일 이동평균선), 장기 이동평균선(120일 이동평균선, 240일 이동평균선) 등으로 구분됩니다. 이동평균선의 경우 당일 종가를 포함해 최근 5일간의 합계를 5로 나눈 것입니다. 단기 매매자는 5일 이동평균선, 10일 이동평균선, 20일 이동평균선을 주로 활용하고, 중기 매매자는 60일 이동평균선을 많이 활용해 매매합니다. 장기 투자자의 경우는 120일 이동평균선, 240일 이동평균선 등을 활용해 매매합니다.

이동평균선 흐름은 인생과 비슷합니다. 태동기, 성장기, 성숙기와 같은 상승 기간이 있고 갱년기, 노년기, 임종기와 같이 쇠퇴 기간도 있습니다. 투자자는 이동평균선이 어떤 흐름에 있는지만 분석해도 투자에 성공할 수 있습니다.

이동평균선에서 반드시 분석해야 할 내용은 모든 이평선 간의 간격과 방향을 따져보는 일입니다. 이평선이 오른쪽 방향으로 올라가면 가격이 상승하고, 내려가면 가격이 하락합니다. 장기이평선을 단기이평선이 돌파하는 골든크로스, 단기이평선이 장기이평선을 이탈하는 데드크로스 등도 살펴봐야 합니다. 이평선의 수렴과 확산의 성격을 파악해 시세변곡점을 찾을 수도 있습니다. 가격이 하락하는 중에 이동평균선의 지지를 받거나 가격이 상승하는 가운데 이동평균선의 저항을 받아 하락하는 경우 등도 많기 때문입니다.

**Q** 주식투자를 할 때 잘 맞는 봉 차트에 대해서 좀 알려 주세요.

**A** 양음으로 나타내는 일봉, 주봉, 월봉 차트는 미국식보다 더 오래된 차트입니다. 봉 차트에는 시가, 종가, 고가, 저가가 모두 나타나 있고 봉의 모양과 길이에 따라 매매 주체의 심리 등을 한눈에 파악할 수 있습니다. 봉의 모양에 따라 매수와 매도 시기를 결정합니다. 오랜 역사를 자랑하는 다우, 그랜빌, 엘리엇 등 추세와 파동을 기본으로 분석하는 것과 조금 다른 면이 있습니다.

봉 차트의 해석 방법으로 단일봉 분석법과 여러 개의 봉 차트를 결합해 분석하는 결합봉 분석법이 있는데 단일봉보다 봉을 여러 개 조합해서 분석하는 방법이 실전 매매에 더 많이 활용됩니다. 실전 매매에서 가장 많이 활용되는 봉 차트에는 앞의 봉을 반대 방향으로 그 이전의 봉을 완전히 감싸는 모양의 하락장악형과 그 반대의 형태인 상승장악형이 있고 또 3개의 봉을 조합해 첫째 봉의 가격 절반을 이탈하거나 반대로 돌파하는 경우를 나타내는 모닝스타, 이브닝스타가 있습니다. 가격이 시초가에 상승 시작해 종가가 떨어지는 형태의 갭 하락 음봉, 반대로 가격이 갑자기 떨어져서 시작한 후 상승으로 장을 마감하는 갭 하락 양봉 등도 실전 매매에서 유용하게 쓰입니다.

가격이 움직이면 제일 먼저 현재가 창이 움직이고 현재가 창의 움직임에 따라 캔들이 만들어지고, 캔들의 조합으로 추세가 형성되며 추세의 끝자락에서 새로운 패턴이 만들어지고 패턴이 완성된 후 새로운 파동이 만들어집니다. 이런 움직임은 단기 이평선의 각도를 결정짓는데 단기 이평선 각도가 가파르면 가격 흐름의 에너지가 강하다고 볼 수 있습니다. 중장기 이평선은 추세선 역할을 겸하기도 합니다. 이런 가격의 흐름과 기술적 분석의 여러 현상들을 종합해 정교하게 파악하는 것이 실전 매매의 핵심이라고 말할 수 있겠습니다.

**Q** 저는 주식투자를 하고 있는데, 해외선물도 배워서 주식시장이 열리지 않는 저녁 시간에 해외선물을 매매해 보려고 합니다. 해외선물 초보자는 어떤 마음가짐으로 매매에 임하는 것이 좋을까요?

**A** 주식투자는 세상에서 가장 큰 사업 중 하나이기 때문에 사전에 충분한 이론 공부와 연구를 한 후에 투자의 세계에 발을 들여 놓아야 하겠습니다. 자신의 투자 실력을 상당한 수준까지 끌어올린 뒤 실전투자에 나서도 늦지 않다는 말입니다.

주식투자는 취미생활이나 잠깐 하다 관두는 아르바이트가 아니며, 평생직업으로 삼아도 될 정도로 보람 있는 일입니다. 해외선물은 특히 달러를 벌어들이는 외화획득 효과가 있어 더 의미 있는 투자라 할 수 있습니다.

해외선물 투자에 성공하기 위해서는 먼저 이론을 철저히 이해하고 실력을 키워야 합니다. 투자실력을 높이기 위해 모의투자나 시중 증권사에서 제공하는 해외선물 홈트레이딩 시스템(HTS) 등을 활용해 볼 수 있는데, 저명한 투자가인 조지 소로스나 워런 버핏 같은 사람들도 평생 투자를 통해 세계적인 부자 반열에 올랐습니다.

성공하는 주식 투자자가 되기 위해서는 철저한 이론의 뒷받침, 모의투자로 쌓은 실전 경험, 리스크 관리, 포트폴리오 전략이 필요합니다. 좀 더 세부적으로는 차트의 거래량, 이동평균선, 캔들 30분봉, 120분봉, 240분봉, 일봉, 주봉, 월봉 상승 추세와 하락 추세, 횡보 추세, 굴곡 추세 등의 구분법을 알고 있어야 하며, 이평선의 칼끝 분석도 상당히 중요합니다.

투자하는 상품의 거시적 가격 흐름을 비롯해 단기 · 중기 · 장기 매매를 선택하는 등 철저하고 확실한 자신만의 비책이 요구됩니다.

세상에는 공짜가 없습니다. 확고하고 명확한 수익 모델을 만들고 그 원칙대로 투자의 세계에 입문한다면 젊은이들에게는 새로운 직업이, 연세 높은 어르신들에게는 하나의 좋은 노후대책이 될 수도 있을 것입니다.

**Q 주식투자에 잘 맞는 패턴 분석에 대해 설명해 주세요.**

**A** 주식투자를 할 때 패턴 분석을 세밀하게 하면 최소한 마이너스가 나지는 않습니다. 패턴 분석은 미국의 에드워드 매기가 미국 증권시장을 데이터화해 바닥과 상투 가격 등에서 볼 수 있는 특징을 분류하고 분석한 것이 효시인데, 패턴은 가격의 움직임을 하나의 모형으로 나타낸 것을 말합니다. 가격은 불규칙하게 움직이는 것 같지만 자세히 분석해 모형을 만들어 보면 매우 전형적이고 조직적으로 움직입니다. 그 습성을 기반으로 향

후 가격의 변화 추이를 예측하는 것이 중요한 기술적 분석 중 하나입니다. 예를 들어 변곡점을 찾아 수익을 극대화하는 데 활용할 수 있습니다.

먼저 삼봉형을 보면 일명 '헤드 앤드 숄더'라고 하는 추세 전환형 패턴이 있는데 이는 가격의 천장에서 나타나는 패턴입니다. 가격 바닥에서는 반대 모양이 출현합니다. 다음으로 '원형천장형'은 점진적인 가격의 전환점을 보여주는 예인데 움직임이 완만하고 조금 긴 시간에 걸쳐 패턴이 완성되는 특징이 있습니다. 고점에서는 원형천장형, 바닥에서는 원형바닥형을 검토해 매매시점을 저울질할 수 있습니다.

또한 '이중천장형'과 '이중바닥형'을 모르면 실전투자를 하지 말라는 말이 있는데 가격의 꼭지, 이중천장형 가격의 바닥에서 이중바닥형을 잘만 체크해도 성공투자로 나아갈 수 있습니다. 마지막으로 '깃발형'은 가격이 상승하거나 어느 정도 하락한 경우에 소위 허리지점에서 가격 조정과 기간 조정을 거칠 때 흔히 나타나는 모양인데 상승 깃발형과 하락 깃발형이 있습니다.

깃발형은 추세를 돌파하거나 추세를 이탈할 때 강한 시사점을 줍니다. 그래서 실전 매매 시 깃발형이 출현하면 면밀히 가격 추이를 살펴봐야 합니다.

**Q** 실전 매매 시 가장 중요한 한 가지만 꼭 짚어 말씀해 주세요.

**A** 딱 한 가지 가장 중요한 것이라면 '주식 매입 시 먼저 손절라인을 미리 잡고 진입하라'고 말씀드리고 싶습니다.

**Q** 실전 매매를 할 때 도움이 되는 카피 문구를 알려주세요.

**A** 진입 시점이 오면 두려워 말고 진입한다.

수익금은 인출하여 타 계좌에서 관리하자.

손절 금액은 하루 단위로 수치화하여 정한다.

진입, 청산, 손절은 간단명료하게 나만의 원칙을 지킨다.

하루에 본인이 감내할 수 있는 손실금액을 정하고 손실 발생 시 거래를 중단하는 원칙을 지킨다.

하루에 얼마를 수익 냈는가보다 얼마나 원칙을 지켜서 거래했는지를 중요하게 생각한다.

거래시간을 정한다.

**Q** 실패와 성공 마인드에 대해 꿀팁을 주신다면요.

**A**

| 실패의 마음가짐 | 성공의 마음가짐 |
|---|---|
| ▪ 서두른다.<br>▪ 흥분한다.<br>▪ 산다고 마음먹으면 무조건 산다.<br>▪ 무계획적이다. | ▪ 느긋하다.<br>▪ 냉정하다.<br>▪ 계획적으로 산다.<br>▪ 단기 · 중기 · 장기 전략이 있다. |

**Q** 투자를 할 때 여러 가지 지표를 보고 투자를 하는데 단순히 캔들만 보고 매매를 한다고 하면 캔들의 어떤 특징을 파악하고 매매에 활용해야 하나요?

**A** 월봉, 주봉, 일봉, 분봉이 양봉일 때는 매수의 관점으로, 월봉, 주봉, 일봉, 분봉이 음봉일 때는 매도의 관점으로 보고 실전 매매에 캔들을 활용하는 것이 좋겠습니다.

**Q** 장이 끝난 후 매일 어떤 내용을 메모하여 체크하는 것이 좋겠습니까?

**A**

**〈거래 일기〉**

날짜 : ____________ 요일 : ____________

보유 종목 : ____________

매매종목 결과 : ____________

잘한 점 : ____________

잘못한 점 : ____________

잔고 : ____________

일계 : ____________

누계 : ____________

오늘의 교훈 : ____________

내일 매매할 종목 : ____________

____________

**Q** 교수님의 투자 10계명을 알려주세요.

**A**

1. 시장 파악
2. 예측하지 말고 대응하라
3. 자신만의 매매비책을 만들라
4. 손실은 최소화, 이익은 극대화하라
5. 탐욕은 결국 손실로 수렴한다
6. 항상 최악을 대비하라
7. 어떤 장에도 대응할 능력을 갖춰라
8. 실수를 반복하지 말라
9. 설정한 손절 기준을 100% 지켜라
10. 매매 일기를 써라

**Q** 해외선물의 가장 큰 장점을 말한다면 어떤 것이 있을까요? 저는 주식투자만 10년째 하고 있는 투자자입니다.

**A** 가장 큰 장점은 최소 증거금 약 40만 원부터 매매가 가능하다는 점입니다(국내 선물은 증거금 약 3천만 원). 23시간 언제나 내가 원하는 시간에 매매할 수 있다는 점과 주식은 상승 시에만 수익이 가능하지만 해외선물은 상승, 하락, 양방향 모두 수익이 가능하다는 것이 핵심 장점입니다.

**Q** 경제신문을 보면 골디락스라는 말이 나오는데, 골디락스는 무슨 뜻인가요?

**A** 영국의 전래 동화 『골디락스와 세 마리 곰』에서 유래된 단어로 동화에서 골디락스는 곰이 끓인 세 가지의 수프, 뜨거운 것과 차가운 것, 차갑지도 않고 뜨겁지도 않아 먹기 좋은 것 중에서 먹기 좋은 것을 먹고 기뻐합니다.

이처럼 경제의 흐름이 나쁘지 않고 물가도 적당히 오른 상태를 골디락스라고 하는데 쉽게 말해서 경제가 안성맞춤이라는 의미입니다.

**Q** 경상수지 적자가 발생하게 되는 구조에 대해서 설명해 주세요.

**A** GDP(국내 총생산) = 소비 + 투자 + 수출 − 수입

수출 − 수입 = 경상수지

즉, GDP = 소비 + 투자 + 경상수지

즉, GDP − 소비 = 투자 + 경상수지

즉, 저축 = GDP − 소비

저축 = 투자 + 경상수지

즉, 저축 − 투자 = 경상수지

과속 성장이 계속되면서 저축이 줄어들고 투자가 크게 증가하면 경제에 만성적인 경상수지 적자가 발생한다는 것입니다.

**Q** 금리, 환율, 물가, 유동성에 대해서 비교 · 설명해주세요.

**A** 금리가 오르면 환율은 떨어지고 금리가 내리면 환율은 올라갑니다.

예컨대 원/달러 환율이 상승하면 원화가치가 하락(평가절하)합니다.

원/달러 환율이 하락하면 원화가치가 상승(평가절상)합니다.

그리고 물가가 오르면 금리가 올라가고 물가는 안정됩니다.

금리가 오르면 유동성은 떨어집니다.

반면에 금리가 내리면 유동성은 높아집니다.

즉, 물가 ↑ = 금리 ↑ = 환율 ↓ = 유동성 ↓

**Q** 투자 절대불변의 법칙이 있다면 좀 알려주세요.

**A** 투자 절대불변의 법칙은

1. 가격은 오르면 내리고, 내리면 오른다.
2. 손절은 꼭 필요하다.
3. 가격의 미래는 아무도 모른다.
4. 자신만의 투자비책이 꼭 있어야 한다.
5. 추세를 따르라.

**Q** 분할매수와 물타기에 대해서 어떻게 다른지 설명해 주세요.

**A** 분할매수는 상승 추세 시 매수를 하는 데 반하여 물타기는 하락 추세 시 매수를 하는 것을 말하고, 분할매수는 예탁금 범위 내에서 매수진입하는 데 반하여 물타기는 예탁금을 모두 소진한 후 자금을 추가 투입하는 것을 말합니다.

또 분할매수는 계획적인 단계별 매수, 보수적 매수로 손절의 리스크가 적은 반면에 물타기는 무계획의 매수, 무리한 신규 자금 투자로 추가 하락 시 큰 손실로 지옥을 느끼게 됩니다.

Q 금리와 해외선물 주가의 흐름에 대해서 좀 알려주세요.

A

**앙드레 코스톨라니의 달걀 모델**

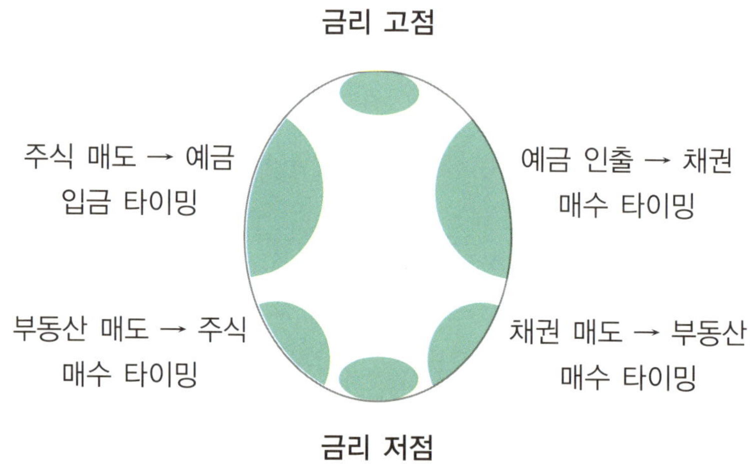


위 그림에서 보시다시피 금리가 고점일 때는 예금의 수익률이 좋고 금리 저점 구간에서는 해외선물·주식이 매력적인 상품이 됩니다. 그래서 주식, 채권, 부동산을 투자할 때는 금리정책을 잘 살펴보면서 투자계획을 세워야만 성공투자의 길이 보일 것입니다.

앙드레 코스톨라니의 달걀 모델을 참고하시면 한눈에 금리, 주식, 채권, 부동산의 투자 시점을 파악할 수가 있습니다.

**Q** 인플레이션과 디플레이션은 어떻게 다른가요?

**A** 인플레이션은 화폐 가치가 떨어지기 때문에 물가가 지속적으로 오르는 현상을 말합니다.

디스플레이션은 긴축정책 시행으로 물가가 안정적으로 상승하는 현상을 말합니다.

디플레이션은 실물자산 가치 하락으로 물가가 지속적으로 떨어지는 현상을 말합니다.

스태그플레이션은 비용 상승의 현실화로 인해 불황 속에 인플레이션 현상이 일어나는 것을 말합니다.

**Q** 베타계수의 뜻을 좀 알려주세요.

**A** 베타계수란 변동성 계수를 의미하는데 베타계수가 크다라는 말은 가격의 상승과 하락의 폭이 크다라는 의미입니다. 그렇기 때문에 베타계수가 큰 금융상품에 투자할 경우 고수에게는 고부가가치를 올릴 수 있는 기회가 되는 반면에 하수에게는 큰 손실을 줄 수도 있습니다.

**Q** 기본적 분석에서 알 수 없는 내용을 차트 분석을 통해 알 수 있는 경우가 있는지요?

**A** 차트에는 기본적 분석으로 볼 수 없는 많은 내용이 있는데, 간단히 말씀드리면 상승과 하락 에너지, 최고가, 최저가, 계약 거래 수, 매집 기간, 중요 매물 구간, 파동의 흐름 등을 차트를 통해 자세히 파악할 수가 있습니다. 그래서 실전 매매 시 차트를 해석해서 진입 맥점을 정교하게 잡아야 성공투자를 할 수 있습니다.

**Q** 흔히 실전 매매를 할 때 멘탈이 중요하다고 말들을 하는데, 멘탈에 대해 팁을 주신다면 어떤 것이 있나요?

**A** 쉽게 그림으로 표현해 보겠습니다.

그림에서 보시다시피 원칙과 내공을 더하고 예측과 물타기는 빼고 수익과 성공은 곱하고 두려움과 걱정은 나누어서 날려버리는 것이 실전 매매에 있어 가장 중요한 마인드라 할 수 있겠습니다.

**Q 교수님은 방송을 통해 30년 투자 경험으로 다양한 실전 투자 내공을 말씀해주셨는데, 정말 저와 같은 개인 투자자들이 성공적인 투자를 하려면 어떻게 해야 하나요?**

**A** 저는 약 30년 전 포항제철(포스코로 사명이 변경됨) 공모주 청약을 시작으로 젊은 시절에 금융상품 투자를 하기 시작했습니다.

약 30년 동안 실전투자(주식, 해외선물 등)와 책 집필, VOD 제작, 신문 칼럼 연재, 방송 출연, 온 · 오프라인 강의, 각 증권사 본사 출강, 대학 강의 등 다양한 직 · 간접 투자 경험을 했습니다. 이러한 저의 오랜 투자 기간 동안 성공적인 투자를 위해서는 저점 매수 고점 매도가 옳다는 견해, 기본적 + 기술적 분석이 해답이라는 견해 등 여러 가지 다양한 견해를 접했습니다.

모든 투자자들이 거의 다 알고 있는 이런 견해들은 맞을 수도 있고 틀릴 수도 있습니다.

드리고 싶은 말씀은 각자의 내공과 환경 및 마인드에 따라 어떤 방법이 더 자신에게 잘 맞는지의 문제이지 정답은 없다는 것입니다.

또 해외선물, 주식 중 어떤 곳에 투자를 하는 것이 더 좋은가의 문제도 각자의 투자 성향, 내공, 투자 목적에 따라 선택하는 것이 올바른 방법일 것입니다. 그러므로 어떤 방법 혹은 어떤 상품이 최고라는 말은 옳지 못합니다.

단지 자신의 몸에 맞는 옷을 찾는 작업을 통해서 자신만의 실전투자 원칙과 규칙, 전략과 전술을 만드는 것이 정답입니다. 그게 30년간 투자 경험과 내공을 지니고 있는 제가 드릴 수 있는 조언입니다.

**Q** 각 종목의 과이격을 파악하기 위해 주식에서 어떤 차트를 보면 도움이 될까요?

**A** 여러 종목의 과이격은 240일 이동평균선과 캔들의 이격 정도를 체크해 파악하시면 되고 다음 차트 1~10까지 □ 부분을 검토해 보시면 되겠습니다.

**차트 1 과이격 파악** 네패스

**차트 2 과이격 파악** 팬스타엔터프라이즈

**차트 3 과이격 파악** 효성오앤비

**차트 4 과이격 파악** 에이씨티

**차트 5 과이격 파악** 투비소프트

**차트 6 과이격 파악** 서희건설

## 차트 7 과이격 파악 네패스

## 차트 8 과이격 파악 웰크론강원

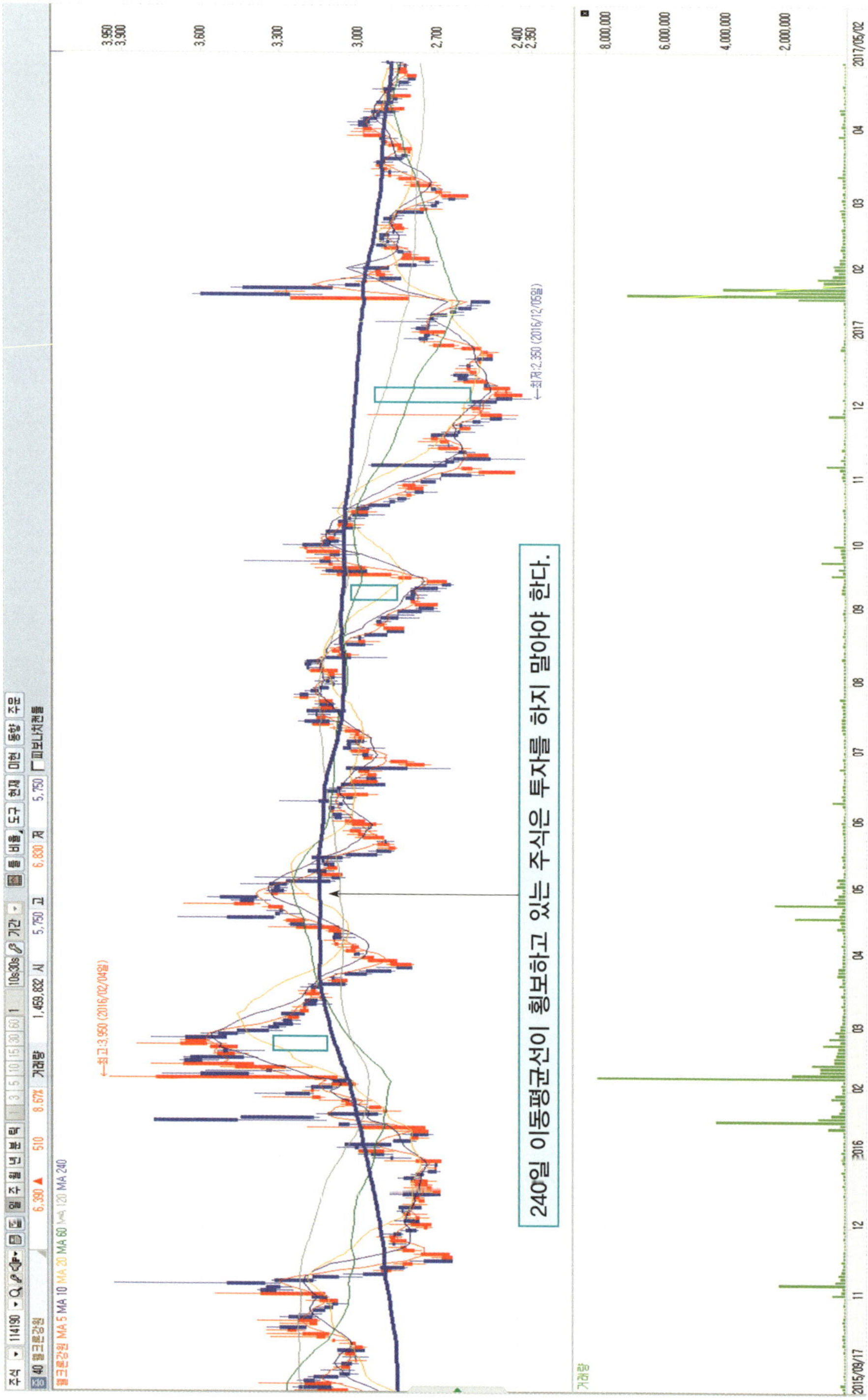

**차트 9 과이격 파악** 에스아이리소스

**차트 10 과이격 파악** 메디플란트

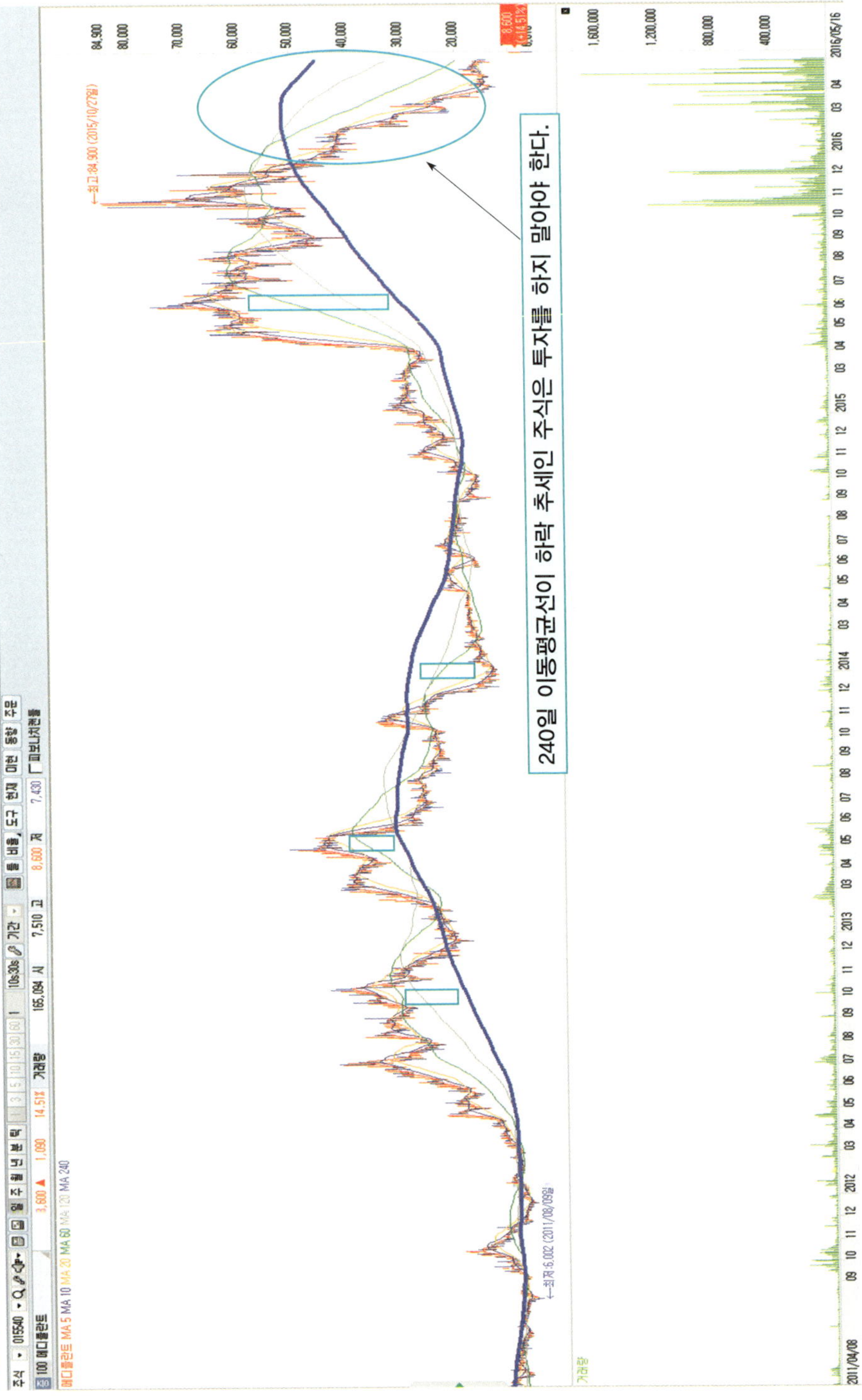

PART 02

# 기본적 분석

주식 실전투자는 실적 + 차트이기 때문에 본서에서는 재무제표에 대해서 깊이 들어가지 않고 꼭 체크해야 할 핵심적인 부분만 간단히 검토하고 넘어가겠다.

## 01
# 좋은 기업 선택하기

| 재무제표의 종류 |
| --- |
| 재무상태표 |
| 손익계산서 |
| 이익잉여금 처분계산서 |
| 현금흐름표 |
| 자본변동표 |
| 주석 |

### 좋은 기업은 어떤 기업일까?

좋은 기업의 기준은 간단하다. 수익을 꾸준히 내는 기업이 좋은 기업이다. 수익을 꾸준히 내는 것을 확인하기 위해서는 재무제표의 손익계산서상에서 매출액과 영업이익이 매분기마다 꾸준히 늘어나는지 확인해야 한다. 주가가 꾸준히 상승하는 삼성전자의 매출액과 영업이익이 늘어나는 것을 보면 잘 알 수가 있다. 물론 좋은 기업의 또 다른 조건으로 PER이 낮고 ROE가 높으며 PBR이 낮아야 한다는 것을 들 수 있다. 이 조건들을 충족해야 매수 대상으로 좋은 기업이라고 분류할 수 있다.

## 02
# 투자의 핵심지표

### PER이 낮은 기업이 좋다.

- PER = 주가수익배수

$$PER = \frac{시가총액}{순이익} = \frac{주가}{주당순이익(EPS)}$$

PER(Price Earnings Ratio)

PER이 낮아지려면 주가, 즉 시가총액이 하락하거나 주당순이익이, 즉 순이익이 늘어나야 한다.

### ROE가 높은 기업이 좋다.

- ROE(Return On Equity) = 자기자본 이익률

$$ROE = \frac{당기순이익}{자본총계(자기자본)}$$

ROE(Return On Equity)

ROE가 올라가려면 당기순이익이 늘어나거나 자본이 줄어들면 된다. ROE가 비슷하면 PBR이 낮은 기업이 더 좋다.

### PBR이 낮은 기업이 좋다.

- PBR = 주가순자산배수

$$PBR = \frac{시가총액}{자본총계} = \frac{주가}{주당순자산}$$

PBR(Price Book-value Ratio)

PBR이 낮아지려면 시가총액, 즉 주가가 하락하거나 자본총계, 즉 주당순자산이 늘어나야 한다.

3대 일반목적 재무제표만 알아도 위험한 회사를 찾을 수 있다.

- **3대 일반목적 재무제표**

  대차대조표 = 기업의 기말 재무 상태

  손익계산서 = 기업의 1회계기간 경영성과

  현금흐름표 = 현금흐름의 현재액 및 증감액

대차대조표

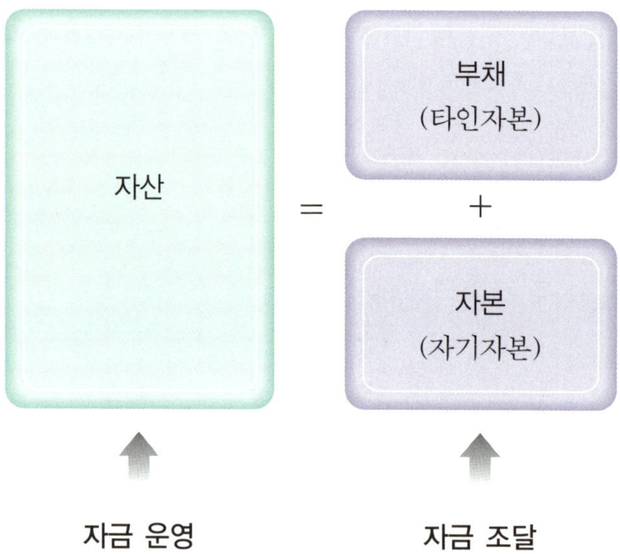

### 손익계산서

회사의 이익이나 손실이 어디에서 발생했는지 알 수 있다.

매출액 → 금액이 크면 일단 사업이 활발하다고 본다.

매출총이익 → 매출액 – 매출원가

영업이익 → 매출총이익 – 판매비 및 일반관리비

경상이익 → 본업 이외의 손익 포함

법인세차감전

순이익 → 영업과 직접 관계 없이 발생한 이익과 손실

당기순이익 → 법인세차감전순이익 – 세금

(순이익)

### 현금흐름표

영업 · 투자 · 재무 활동에서 기업의 현금흐름을 나타낸 것.

현금흐름표상 좋은 기업은 영업활동 현금흐름이 +이고 투자활동 현금흐름이 –이며, 재무활동 현금흐름은 –이어야 한다.

## 매출액과 영업이익 모두가 꾸준히 늘어나는 기업

다음 차트와 재무제표 1~10까지 디테일하게 분석해 보면 더욱 이해가 빠를 것이다.

재무제표 1 유진기업

| 주요재무정보 | 연간 | | | | | 분기 | | | | |
|---|---|---|---|---|---|---|---|---|---|---|
| | 2014/12 (IFRS연결) | 2015/12 (IFRS연결) | 2016/12 (IFRS연결) | 2017/12 (IFRS연결) | 2018/12(E) (IFRS연결) | 2017/12 (IFRS연결) | 2018/03 (IFRS연결) | 2018/06 (IFRS연결) | 2018/09 (IFRS연결) | 2018/12(E) (IFRS연결) |
| 매출액 | 7,390 | 8,896 | 10,746 | 12,990 | 15,138 | 3,920 | 3,350 | 3,772 | 3,589 | 4,428 |
| 영업이익 | 304 | 542 | 967 | 1,076 | 1,458 | 290 | 167 | 460 | 400 | 432 |
| 영업이익(발표기준) | 304 | 542 | 967 | 1,076 | | 290 | 167 | 460 | 400 | |
| 세전계속사업이익 | -34 | 196 | 818 | 1,205 | 1,218 | 472 | 83 | 367 | 335 | |
| 당기순이익 | -52 | 129 | 607 | 847 | 926 | 402 | 34 | 289 | 253 | |
| 당기순이익(지배) | -52 | 123 | 603 | 835 | 914 | 401 | 29 | 278 | 240 | |
| 당기순이익(비지배) | | 5 | 4 | 11 | | 2 | 6 | 11 | 12 | |
| 자산총계 | 12,424 | 13,845 | 15,196 | 36,773 | 18,121 | 36,773 | 36,803 | 39,221 | 39,363 | 18,121 |
| 부채총계 | 6,677 | 7,917 | 8,716 | 29,512 | 10,041 | 29,512 | 29,817 | 31,815 | 31,668 | 10,041 |
| 자본총계 | 5,747 | 5,928 | 6,480 | 7,261 | 8,080 | 7,261 | 6,986 | 7,406 | 7,696 | 8,080 |
| 자본총계(지배) | 5,747 | 5,783 | 6,331 | 7,106 | 7,915 | 7,106 | 6,826 | 7,235 | 7,483 | 7,915 |
| 자본총계(비지배) | | 145 | 149 | 155 | | 155 | 160 | 171 | 213 | |
| 자본금 | 375 | 370 | 370 | 378 | 378 | 378 | 374 | 385 | 386 | 378 |
| 영업활동현금흐름 | 1,166 | 971 | 1,085 | 728 | 1,194 | 545 | 304 | 163 | 6 | |
| 투자활동현금흐름 | -1,306 | -201 | -1,776 | -2,348 | -81 | -1,760 | -27 | -91 | -53 | |

## 차트 1 유진기업

40 유진기업 7,540 ▲ 330 4.58% 거래량 1,492,506 시 7,240 고 7,610 저 7,230
유진기업 MA 5 MA 10 MA 20 MA 60 MA 120
←최고:10,950 (2018/05월)
←최저:2,135 (2011/10월)
2,169(07월)
거래량

## 재무제표 2 F&F

| 주요재무정보 | 연간 | | | | | 분기 | | | | |
|---|---|---|---|---|---|---|---|---|---|---|
| | 2015/12 (IFRS연결) | 2016/12 (IFRS연결) | 2017/12 (IFRS연결) | 2018/12 (IFRS연결) | 2019/12(E) (IFRS연결) | 2018/03 (IFRS연결) | 2018/06 (IFRS연결) | 2018/09 (IFRS연결) | 2018/12 (IFRS연결) | 2019/03(E) (IFRS연결) |
| 매출액 | 3,700 | 4,390 | 5,605 | 6,687 | 7,543 | 1,330 | 1,477 | 1,397 | 2,483 | 1,540 |
| 영업이익 | 188 | 456 | 981 | 915 | 1,051 | 180 | 193 | 172 | 370 | 195 |
| 영업이익(발표기준) | 188 | 456 | 981 | 915 | | 180 | 193 | 172 | 370 | |
| 세전계속사업이익 | 168 | 411 | 995 | 1,410 | 1,074 | 631 | 223 | 175 | 380 | |
| 당기순이익 | 124 | 302 | 749 | 1,093 | 821 | 486 | 200 | 134 | 299 | 155 |
| 당기순이익(지배) | 124 | 302 | 749 | 1,092 | 820 | 486 | 199 | 133 | 299 | 147 |
| 당기순이익(비지배) | | | | | | | 1 | 1 | | |
| 자산총계 | 3,334 | 3,056 | 4,001 | 4,958 | 5,710 | 4,188 | 4,430 | 4,907 | 4,958 | |
| 부채총계 | 1,338 | 789 | 1,041 | 1,010 | 1,079 | 842 | 912 | 1,251 | 1,010 | |
| 자본총계 | 1,996 | 2,267 | 2,960 | 3,948 | 4,630 | 3,346 | 3,518 | 3,656 | 3,948 | |
| 자본총계(지배) | 1,996 | 2,267 | 2,960 | 3,941 | 4,628 | 3,346 | 3,514 | 3,652 | 3,941 | |
| 자본총계(비지배) | | | | | | | 4 | 5 | | |
| 자본금 | 77 | 77 | 77 | 77 | 78 | 77 | 77 | 77 | 77 | |
| 영업활동현금흐름 | 157 | 558 | 666 | 273 | 681 | 336 | -28 | -200 | 165 | |
| 투자활동현금흐름 | -46 | 167 | -388 | -330 | -176 | 101 | -306 | -69 | -56 | |
| 재무활동현금흐름 | -112 | -626 | -54 | -120 | -170 | -100 | 3 | 77 | -100 | |

**차트 2** F&F

F&F MA 5 MA 10 MA 20 MA 60 MA 120
76,400 ▲ 1,700 2.28% 거래량 269,501 시 74,000 고 79,300 저 74,000
최고:105,000 (2018/09월)→
←최저:5,400 (2013/01월)
6,627(07월)
거래량

## 재무제표 3 고려아연

| 주요재무정보 | 연간 | | | | | 분기 | | | | |
|---|---|---|---|---|---|---|---|---|---|---|
| | 2014/12 (IFRS연결) | 2015/12 (IFRS연결) | 2016/12 (IFRS연결) | 2017/12 (IFRS연결) | 2018/12(E) (IFRS연결) | 2017/12 (IFRS연결) | 2018/03 (IFRS연결) | 2018/06 (IFRS연결) | 2018/09 (IFRS연결) | 2018/12(E) (IFRS연결) |
| 매출액 | 49,385 | 47,714 | 58,475 | 65,967 | 68,339 | 17,342 | 16,834 | 17,876 | 17,735 | 15,784 |
| 영업이익 | 6,827 | 6,722 | 7,647 | 8,948 | 8,050 | 2,228 | 2,001 | 2,181 | 1,951 | 1,907 |
| 영업이익(발표기준) | 6,827 | 6,722 | 7,647 | 8,948 | | 2,228 | 2,001 | 2,181 | 1,951 | |
| 세전계속사업이익 | 6,830 | 6,845 | 8,017 | 9,257 | 8,330 | 2,215 | 2,104 | 2,197 | 2,023 | 2,023 |
| 당기순이익 | 5,049 | 5,140 | 5,946 | 6,340 | 5,828 | 1,462 | 1,474 | 1,527 | 1,409 | 1,446 |
| 당기순이익(지배) | 5,013 | 5,094 | 5,924 | 6,290 | 5,801 | 1,445 | 1,456 | 1,514 | 1,404 | 1,428 |
| 당기순이익(비지배) | 36 | 46 | 22 | 50 | | 17 | 18 | 13 | 6 | |
| 자산총계 | 56,424 | 59,079 | 64,826 | 70,381 | 73,119 | 70,381 | 69,469 | 69,941 | 69,972 | 73,119 |
| 부채총계 | 8,593 | 6,886 | 8,199 | 9,325 | 8,530 | 9,325 | 9,279 | 8,161 | 6,990 | 8,530 |
| 자본총계 | 47,831 | 52,194 | 56,627 | 61,057 | 64,587 | 61,057 | 60,190 | 61,779 | 62,982 | 64,587 |
| 자본총계(지배) | 46,339 | 50,773 | 55,165 | 59,603 | 63,204 | 59,603 | 58,850 | 60,527 | 61,748 | 63,204 |
| 자본총계(비지배) | 1,492 | 1,421 | 1,463 | 1,453 | | 1,453 | 1,340 | 1,252 | 1,234 | |
| 자본금 | 944 | 944 | 944 | 944 | 941 | 944 | 944 | 944 | 944 | 941 |
| 영업활동현금흐름 | 4,039 | 9,449 | 6,807 | 7,968 | 8,017 | 1,817 | -1,008 | 3,263 | 3,564 | |
| 투자활동현금흐름 | -5,636 | -6,508 | -4,590 | -3,237 | -4,653 | -1,065 | -365 | -3,039 | -1,512 | |
| 재무활동현금흐름 | -865 | -2,363 | -1,565 | -1,725 | -1,765 | -92 | -1,354 | -403 | -59 | |

## 차트 3 고려아연

주식 010130
20 고려아연 456,000 ▲ 4,500 1.00% 거래량 34,053 시 456,000 고 461,000 저 452,000
고려아연 MA 5 MA 10 MA 20 MA 60 MA 120
←최고:570,000 (2015/10월)
←최저:38,050 (2008/10월)
53,654(03월)
거래량
2007/08
2019/03

### 재무제표 4 LS산전

| 주요재무정보 | 연간 | | | | | 분기 | | | | |
|---|---|---|---|---|---|---|---|---|---|---|
| | 2014/12 (IFRS연결) | 2015/12 (IFRS연결) | 2016/12 (IFRS연결) | 2017/12 (IFRS연결) | 2018/12(E) (IFRS연결) | 2017/12 (IFRS연결) | 2018/03 (IFRS연결) | 2018/06 (IFRS연결) | 2018/09 (IFRS연결) | 2018/12(E) (IFRS연결) |
| 매출액 | 22,910 | 22,017 | 22,136 | 23,437 | 24,529 | 6,046 | 5,916 | 6,605 | 6,025 | 6,054 |
| 영업이익 | 1,621 | 1,544 | 1,244 | 1,584 | 2,170 | 234 | 554 | 653 | 526 | 446 |
| 영업이익(발표기준) | 1,576 | 1,544 | 1,244 | 1,584 | | 234 | 554 | 653 | 526 | |
| 세전계속사업이익 | 1,335 | 1,136 | 1,020 | 1,385 | 1,944 | 236 | 528 | 566 | 453 | 406 |
| 당기순이익 | 1,051 | 706 | 807 | 1,060 | 1,483 | 156 | 428 | 401 | 349 | 289 |
| 당기순이익(지배) | 1,068 | 703 | 807 | 1,051 | 1,477 | 155 | 425 | 397 | 349 | 312 |
| 당기순이익(비지배) | -17 | 3 | 0 | 9 | | 1 | 3 | 4 | 1 | |
| 자산총계 | 22,944 | 22,517 | 22,618 | 22,558 | 23,277 | 22,558 | 23,550 | 23,607 | 23,587 | 23,277 |
| 부채총계 | 13,009 | 12,370 | 11,957 | 11,077 | 10,646 | 11,077 | 11,954 | 11,610 | 11,293 | 10,646 |
| 자본총계 | 9,935 | 10,147 | 10,661 | 11,481 | 12,630 | 11,481 | 11,597 | 11,997 | 12,294 | 12,630 |
| 자본총계(지배) | 9,929 | 10,133 | 10,646 | 11,457 | 12,616 | 11,457 | 11,571 | 11,967 | 12,263 | 12,616 |
| 자본총계(비지배) | 5 | 14 | 15 | 24 | | 24 | 26 | 30 | 31 | |
| 자본금 | 1,500 | 1,500 | 1,500 | 1,500 | 1,500 | 1,500 | 1,500 | 1,500 | 1,500 | 1,500 |
| 영업활동현금흐름 | 1,622 | 1,003 | 2,422 | 1,446 | 2,690 | 414 | 608 | 341 | 319 | |
| 투자활동현금흐름 | -645 | -959 | -1,020 | -1,638 | -131 | -1,069 | 935 | 44 | -61 | |
| 재무활동현금흐름 | 429 | -506 | -873 | -541 | -974 | -610 | -62 | -923 | -47 | |

## 차트 4 LS산전

30 LS산전
49,100 ▲ 250 0.51% 거래량 114,371 시 49,200 고 49,300 저 48,700
LS산전 MA 5 MA 10 MA 20 MA 60 MA 120
←최고:104,500 (2009/09월)
←최저:3,440 (2003/05월)
10,042(02월)
40,072(
49,100 (+0.51%)
104,500
100,000
80,000
60,000
40,000
20,000
3,440
거래량
2,400,000
1,600,000
800,000
2001/10
2019/03

**재무제표 5** LF

| 주요재무정보 | 연간 | | | | | 분기 | | | | |
|---|---|---|---|---|---|---|---|---|---|---|
| | 2014/12 (IFRS연결) | 2015/12 (IFRS연결) | 2016/12 (IFRS연결) | 2017/12 (IFRS연결) | 2018/12(E) (IFRS연결) | 2017/12 (IFRS연결) | 2018/03 (IFRS연결) | 2018/06 (IFRS연결) | 2018/09 (IFRS연결) | 2018/12(E) (IFRS연결) |
| 매출액 | 14,602 | 15,710 | 15,293 | 16,021 | 17,086 | 4,839 | 4,094 | 4,288 | 3,672 | 5,035 |
| 영업이익 | 957 | 741 | 790 | 1,101 | 1,287 | 482 | 293 | 347 | 120 | 532 |
| 영업이익(발표기준) | 957 | 741 | 790 | 1,101 | | 482 | 293 | 347 | 120 | |
| 세전계속사업이익 | 1,036 | 734 | 742 | 1,019 | 1,410 | 330 | 305 | 349 | 152 | |
| 당기순이익 | 811 | 506 | 512 | 700 | 942 | 198 | 226 | 199 | 113 | 398 |
| 당기순이익(지배) | 813 | 509 | 517 | 736 | 960 | 222 | 230 | 205 | 115 | |
| 당기순이익(비지배) | -3 | -3 | -5 | -37 | | -24 | -4 | -6 | -2 | |
| 자산총계 | 14,030 | 14,749 | 15,811 | 15,948 | | 15,948 | 16,220 | 16,537 | 16,262 | |
| 부채총계 | 4,200 | 4,573 | 5,290 | 4,915 | | 4,915 | 5,101 | 5,207 | 4,679 | |
| 자본총계 | 9,830 | 10,176 | 10,522 | 11,033 | | 11,033 | 11,119 | 11,330 | 11,582 | |
| 자본총계(지배) | 9,824 | 10,173 | 10,528 | 10,925 | | 10,925 | 11,010 | 11,237 | 11,492 | |
| 자본총계(비지배) | 5 | 3 | -6 | 108 | | 108 | 109 | 93 | 91 | |
| 자본금 | 1,462 | 1,462 | 1,462 | 1,462 | | 1,462 | 1,462 | 1,462 | 1,462 | |
| 영업활동현금흐름 | 1,025 | 517 | 1,413 | 1,195 | | 702 | 394 | 581 | -304 | |
| 투자활동현금흐름 | -512 | -1,573 | -2,337 | -290 | | -681 | -298 | 222 | 543 | |
| 재무활동현금흐름 | 40 | -16 | 528 | -847 | | 64 | 37 | -111 | -506 | |

**차트 5** LF

주식 093050 일 주 월 년 분 틱 기간 비율 도구 현재 미현 동향 주문
40 LF 25,200 ▲ 550 2.23% 거래량 83,147 시 25,100 고 25,250 저 24,900 피보나치펜틀
LF MA 5 MA 210
←최고:27,050 (2019/01/07일)
←최저:21,150 (2018/10/29일)
21,346(11/05일)
24,150
25,200 (+2.23%)
27,950
27,000
26,000
24,000
23,000
22,000
21,150
거래량
600,000
400,000
200,000
2018/08/20
10
11
12
2019
01
02
03
2019/03/11

**재무제표 6 농심**

| 주요재무정보 | 연간 | | | | | 분기 | | | | |
|---|---|---|---|---|---|---|---|---|---|---|
| | 2015/12 (IFRS연결) | 2016/12 (IFRS연결) | 2017/12 (IFRS연결) | 2018/12 (IFRS연결) | 2019/12(E) (IFRS연결) | 2018/03 (IFRS연결) | 2018/06 (IFRS연결) | 2018/09 (IFRS연결) | 2018/12 (IFRS연결) | 2019/03(E) (IFRS연결) |
| 매출액 | 21,816 | 22,170 | 22,083 | 22,364 | 23,500 | 5,631 | 5,328 | 5,660 | 5,746 | 5,909 |
| 영업이익 | 1,183 | 897 | 964 | 886 | 1,060 | 344 | 65 | 217 | 260 | 368 |
| 영업이익(발표기준) | 1,183 | 897 | 964 | 886 | | 344 | 65 | 217 | 260 | |
| 세전계속사업이익 | 1,535 | 2,333 | 1,194 | 1,123 | 1,321 | 418 | 118 | 264 | 324 | 426 |
| 당기순이익 | 1,174 | 1,992 | 907 | 843 | 1,002 | 321 | 76 | 195 | 250 | 322 |
| 당기순이익(지배) | 1,173 | 1,993 | 907 | 843 | 1,002 | 321 | 77 | 195 | 251 | 325 |
| 당기순이익(비지배) | 1 | -1 | 0 | | | 1 | -1 | 1 | | |
| 자산총계 | 24,187 | 24,813 | 24,499 | 25,323 | 26,070 | 25,068 | 25,248 | 25,252 | 25,323 | |
| 부채총계 | 7,722 | 6,789 | 6,088 | 6,345 | 6,414 | 6,459 | 6,525 | 6,486 | 6,345 | |
| 자본총계 | 16,465 | 18,024 | 18,411 | 18,978 | 19,657 | 18,610 | 18,723 | 18,767 | 18,978 | |
| 자본총계(지배) | 16,350 | 17,899 | 18,284 | 18,851 | 19,526 | 18,478 | 18,592 | 18,641 | 18,851 | |
| 자본총계(비지배) | 115 | 125 | 127 | | | 132 | 131 | 126 | | |
| 자본금 | 304 | 304 | 304 | 304 | 301 | 304 | 304 | 304 | 304 | |
| 영업활동현금흐름 | 2,019 | 2,210 | 1,034 | 1,469 | 1,822 | 473 | 356 | 428 | 212 | |
| 투자활동현금흐름 | -1,677 | -1,357 | -792 | -1,289 | -1,386 | -86 | -455 | -509 | -239 | |
| 재무활동현금흐름 | 183 | -760 | -470 | -58 | -233 | 76 | -189 | 113 | -58 | |

차트 6 농심

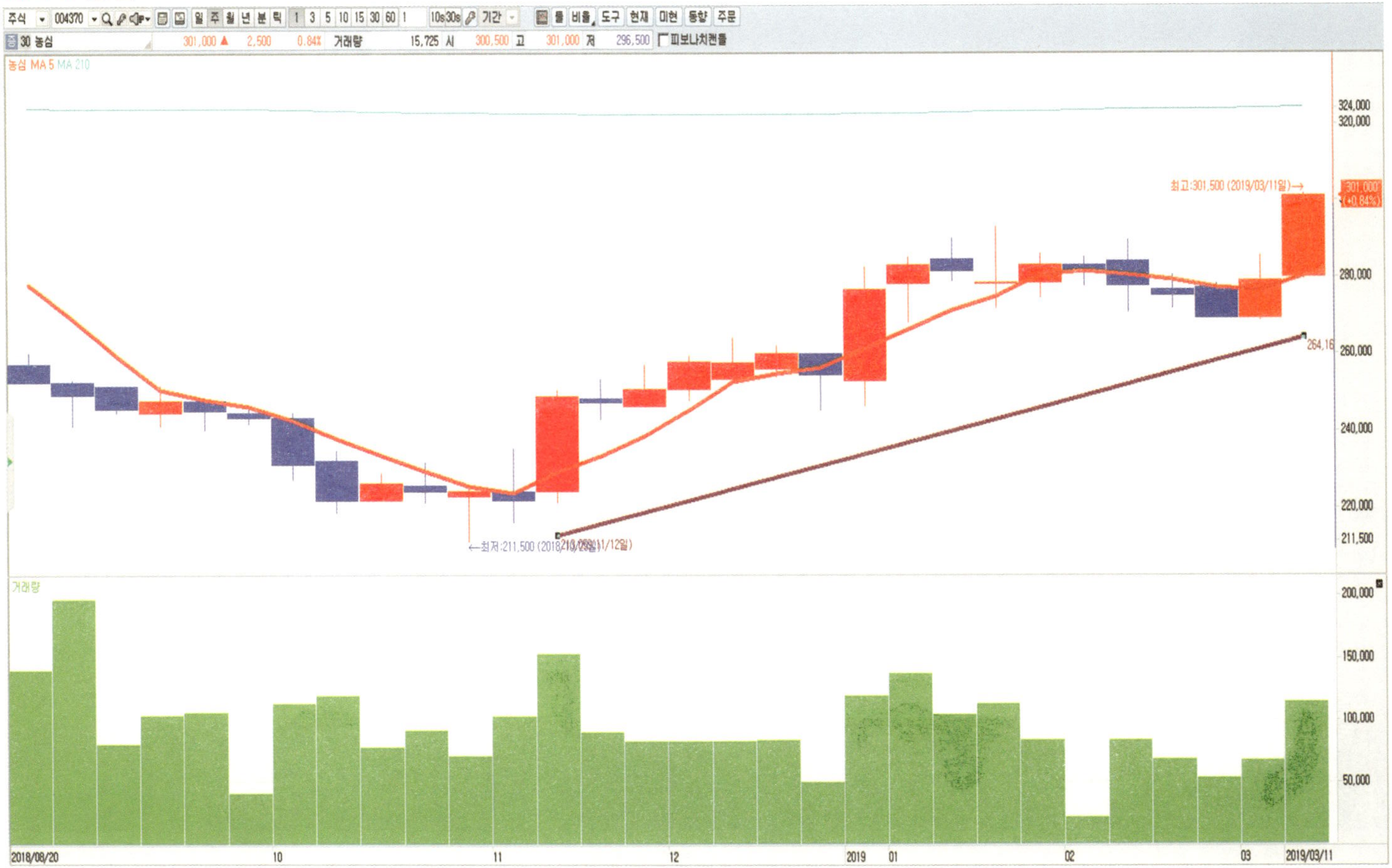
주식 004370 일 주 월 년 분 틱 1 3 5 10 15 30 60 1 10s 30s 기간 틀 비율 도구 현재 미현 동향 주문
30 농심 301,000 ▲ 2,500 0.84% 거래량 15,725 시 300,500 고 301,000 저 296,500 피보나치젠틀
농심 MA 5 MA 210
최고:301,500 (2019/03/11일)→
301,000 (+0.84%)
←최저:211,500 (2018/10/29일)
264,16
324,000
320,000
280,000
260,000
240,000
220,000
211,500
거래량
200,000
150,000
100,000
50,000
2018/08/20
10
11
12
2019
01
02
03
2019/03/11

**재무제표 7** POSCO

| 주요재무정보 | 연간 | | | | | 분기 | | | | |
|---|---|---|---|---|---|---|---|---|---|---|
| | 2015/12 (IFRS연결) | 2016/12 (IFRS연결) | 2017/12 (IFRS연결) | 2018/12 (IFRS연결) | 2019/12(E) (IFRS연결) | 2018/03 (IFRS연결) | 2018/06 (IFRS연결) | 2018/09 (IFRS연결) | 2018/12 (IFRS연결) | 2019/03(E) (IFRS연결) |
| 매출액 | 581,923 | 530,835 | 606,551 | 649,778 | 660,071 | 158,623 | 160,833 | 164,107 | 166,215 | 162,468 |
| 영업이익 | 24,100 | 28,443 | 46,218 | 55,426 | 49,157 | 14,877 | 12,523 | 15,311 | 12,715 | 11,671 |
| 영업이익(발표기준) | 24,100 | 28,443 | 46,218 | 55,426 | | 14,877 | 12,523 | 15,311 | 12,715 | |
| 세전계속사업이익 | 1,808 | 14,329 | 41,797 | 35,628 | 43,878 | 14,830 | 9,294 | 14,460 | -2,956 | 11,001 |
| 당기순이익 | -962 | 10,482 | 29,735 | 18,921 | 31,434 | 10,835 | 5,803 | 10,577 | -8,295 | 7,703 |
| 당기순이익(지배) | 1,806 | 13,633 | 27,901 | 16,906 | 29,898 | 9,935 | 5,450 | 10,195 | -8,674 | 7,731 |
| 당기순이익(비지배) | -2,768 | -3,151 | 1,834 | | | 900 | 353 | 381 | | |
| 자산총계 | 804,088 | 797,630 | 790,250 | 782,483 | 819,725 | 804,821 | 799,353 | 813,430 | 782,483 | |
| 부채총계 | 353,385 | 339,246 | 315,610 | 314,887 | 321,295 | 325,309 | 322,664 | 332,698 | 314,887 | |
| 자본총계 | 450,702 | 458,384 | 474,640 | 467,596 | 498,430 | 479,513 | 476,690 | 480,732 | 467,596 | |
| 자본총계(지배) | 412,354 | 423,734 | 437,329 | 433,713 | 460,589 | 442,600 | 439,332 | 446,940 | 433,713 | |
| 자본총계(비지배) | 38,349 | 34,650 | 37,311 | | | 36,912 | 37,357 | 33,791 | | |
| 자본금 | 4,824 | 4,824 | 4,824 | 4,824 | 4,822 | 4,824 | 4,824 | 4,824 | 4,824 | |
| 영업활동현금흐름 | 76,018 | 52,694 | 56,073 | 58,697 | 66,529 | 15,006 | 7,578 | 19,611 | 16,503 | |
| 투자활동현금흐름 | -45,347 | -37,546 | -38,179 | -26,480 | -46,331 | -12,149 | 5,194 | -19,570 | 45 | |
| 재무활동현금흐름 | -22,416 | -39,510 | -15,655 | -31,950 | -14,833 | -756 | -14,906 | 6,224 | -22,513 | |

## 차트 7 POSCO

20 POSCO
257,000 ▲ 1,500 0.59% 거래량 391,895 시 256,500 고 257,000 저 253,500
POSCO MA 5 MA 210
←최고:289,000 (2019/01/28일)
최저:230,500 (2019/01/02일)
229,150(01/02일)
259,975
257,000 (+0.59%)
289,000
279,000
270,000
261,000
252,000
243,000
234,000
230,500
거래량
1,800,000
1,200,000
600,000
2018/10/15
11
12
2019
01
02
2019/02/25

**재무제표 8** SK하이닉스

| 주요재무정보 | 연간 | | | | | 분기 | | | | |
|---|---|---|---|---|---|---|---|---|---|---|
| | 2015/12 (IFRS연결) | 2016/12 (IFRS연결) | 2017/12 (IFRS연결) | 2018/12 (IFRS연결) | 2019/12(E) (IFRS연결) | 2018/03 (IFRS연결) | 2018/06 (IFRS연결) | 2018/09 (IFRS연결) | 2018/12 (IFRS연결) | 2019/03(E) (IFRS연결) |
| 매출액 | 187,980 | 171,980 | 301,094 | 404,451 | 303,860 | 87,197 | 103,705 | 114,168 | 99,381 | 68,212 |
| 영업이익 | 53,361 | 32,767 | 137,213 | 208,438 | 95,934 | 43,673 | 55,739 | 64,724 | 44,301 | 21,134 |
| 영업이익(발표기준) | 53,361 | 32,767 | 137,213 | 208,438 | | 43,673 | 55,739 | 64,724 | 44,301 | |
| 세전계속사업이익 | 52,691 | 32,165 | 134,396 | 213,410 | 98,732 | 42,908 | 59,035 | 64,352 | 47,115 | 20,895 |
| 당기순이익 | 43,236 | 29,605 | 106,422 | 155,400 | 74,253 | 31,213 | 43,285 | 46,922 | 33,979 | 15,227 |
| 당기순이익(지배) | 43,224 | 29,538 | 106,415 | 155,401 | 72,472 | 31,203 | 43,299 | 46,936 | 33,963 | 18,135 |
| 당기순이익(비지배) | 12 | 67 | 7 | | | 11 | -14 | -14 | | |
| 자산총계 | 296,779 | 322,160 | 454,185 | 636,583 | 667,269 | 491,251 | 532,571 | 573,773 | 636,583 | |
| 부채총계 | 82,902 | 81,925 | 115,975 | 168,060 | 131,492 | 127,466 | 124,794 | 138,884 | 168,060 | |
| 자본총계 | 213,877 | 240,235 | 338,209 | 468,523 | 535,777 | 363,785 | 407,777 | 434,888 | 468,523 | |
| 자본총계(지배) | 213,869 | 240,170 | 338,153 | 468,457 | 534,113 | 363,718 | 407,717 | 434,840 | 468,457 | |
| 자본총계(비지배) | 8 | 66 | 56 | | | 67 | 60 | 48 | | |
| 자본금 | 36,577 | 36,577 | 36,577 | 36,577 | 36,579 | 36,577 | 36,577 | 36,577 | 36,577 | |
| 영업활동현금흐름 | 93,195 | 55,489 | 146,906 | 222,272 | 169,310 | 45,236 | 36,447 | 70,883 | 69,707 | |
| 투자활동현금흐름 | -71,255 | -62,305 | -119,192 | -214,287 | -132,814 | -37,095 | -66,552 | -38,080 | -72,560 | |
| 재무활동현금흐름 | -14,623 | 1,169 | -3,519 | -13,953 | -12,568 | -3,010 | 7,112 | -21,016 | 2,960 | |

## 차트 8 SK하이닉스

주식 000660
20 SK하이닉스 67,300 ▲ 500 0.75% 거래량 3,101,073 시 67,400 고 67,400 저 66,400
피보나치펜들
SK하이닉스 MA 5 MA 210
←최고:78,200 (2019/02/07일)
←최저:56,700 (2019/01/02일)
54,679(01/02일)
78,200
76,000
72,000
64,000
60,000
56,000
53,700
거래량
2,400,000
1,800,000
1,200,000
600,000
2018/11/19
12
2019
01
02
2019/02/25

재무제표 9 NAVER

| 주요재무정보 | 연간 | | | | | 분기 | | | | |
|---|---|---|---|---|---|---|---|---|---|---|
| | 2014/12 (IFRS연결) | 2015/12 (IFRS연결) | 2016/12 (IFRS연결) | 2017/12 (IFRS연결) | 2018/12(E) (IFRS연결) | 2017/12 (IFRS연결) | 2018/03 (IFRS연결) | 2018/06 (IFRS연결) | 2018/09 (IFRS연결) | 2018/12(E) (IFRS연결) |
| 매출액 | 27,585 | 32,539 | 40,226 | 46,785 | 55,417 | 12,659 | 13,091 | 13,636 | 13,977 | 14,706 |
| 영업이익 | 7,582 | 8,302 | 11,020 | 11,792 | 9,641 | 2,911 | 2,570 | 2,506 | 2,217 | 2,348 |
| 영업이익(발표기준) | 7,582 | 7,622 | 11,020 | 11,792 | | 2,911 | 2,570 | 2,506 | 2,217 | |
| 세전계속사업이익 | 6,588 | 8,232 | 11,318 | 11,958 | 10,586 | 2,629 | 2,557 | 3,884 | 1,868 | 2,286 |
| 당기순이익 | 4,518 | 5,170 | 7,591 | 7,701 | 6,715 | 1,720 | 1,538 | 2,818 | 684 | 1,561 |
| 당기순이익(지배) | 4,545 | 5,187 | 7,493 | 7,729 | 6,962 | 1,802 | 1,652 | 2,642 | 990 | 1,705 |
| 당기순이익(비지배) | -27 | -18 | 98 | -28 | | -82 | -115 | 175 | -306 | |
| 자산총계 | 33,945 | 43,859 | 63,706 | 80,193 | 94,534 | 80,193 | 83,674 | 85,288 | 99,142 | 94,534 |
| 부채총계 | 15,970 | 21,163 | 22,410 | 27,141 | 35,494 | 27,141 | 29,895 | 28,454 | 40,383 | 35,494 |
| 자본총계 | 17,974 | 22,696 | 41,296 | 53,052 | 59,039 | 53,052 | 53,779 | 56,834 | 58,760 | 59,039 |
| 자본총계(지배) | 17,960 | 21,245 | 35,947 | 47,623 | 52,888 | 47,623 | 48,080 | 50,720 | 51,641 | 52,888 |
| 자본총계(비지배) | 14 | 1,451 | 5,348 | 5,428 | | 5,428 | 5,699 | 6,113 | 7,118 | |
| 자본금 | 165 | 165 | 165 | 165 | 163 | 165 | 165 | 165 | 165 | 163 |
| 영업활동현금흐름 | 8,366 | 8,514 | 11,640 | 9,400 | 9,322 | 2,979 | 2,935 | 734 | 2,459 | |
| 투자활동현금흐름 | -4,362 | -7,859 | -9,417 | -13,103 | -6,632 | -4,552 | -2,403 | -938 | 1,958 | |
| 재무활동현금흐름 | -1,119 | 59 | 6,978 | 6,362 | 5,388 | 1,519 | -153 | -193 | 11,359 | |

## 차트 9 NAVER

20 NAVER
131,000 ▲ 500 0.38% 거래량 404,293 시 132,500 고 133,500 저 129,000
피보나치켄들
NAVER MA 5 MA 210
최고:143,500 (2019/01/28일)
최저:104,000 (2018/10/29일)
106,663(11/26일)
131,000 (+0.38%)
145,500
144,000
138,000
126,000
120,000
114,000
108,000
104,000
거래량
8,000,000
6,000,000
4,000,000
2,000,000
2018/10/15
11
12
2019
01
02
2019/02/25

**재무제표 10** 삼성전자

| 주요재무정보 | 연간 | | | | | 분기 | | | | |
|---|---|---|---|---|---|---|---|---|---|---|
| | 2015/12 (IFRS연결) | 2016/12 (IFRS연결) | 2017/12 (IFRS연결) | 2018/12 (IFRS연결) | 2019/12(E) (IFRS연결) | 2018/03 (IFRS연결) | 2018/06 (IFRS연결) | 2018/09 (IFRS연결) | 2018/12 (IFRS연결) | 2019/03(E) (IFRS연결) |
| 매출액 | 2,006,535 | 2,018,667 | 2,395,754 | 2,437,714 | 2,269,442 | 605,637 | 584,827 | 654,600 | 592,650 | 539,971 |
| 영업이익 | 264,134 | 292,407 | 536,450 | 588,867 | 368,367 | 156,422 | 148,690 | 175,749 | 108,006 | 83,948 |
| 영업이익(발표기준) | 264,134 | 292,407 | 536,450 | 588,867 | | 156,422 | 148,690 | 175,749 | 108,006 | |
| 세전계속사업이익 | 259,610 | 307,137 | 561,960 | 611,600 | 397,330 | 161,759 | 154,068 | 179,693 | 116,079 | 94,505 |
| 당기순이익 | 190,601 | 227,261 | 421,867 | 443,449 | 291,034 | 116,885 | 110,434 | 131,507 | 84,622 | 66,193 |
| 당기순이익(지배) | 186,946 | 224,157 | 413,446 | 438,909 | 287,445 | 116,118 | 109,815 | 129,674 | 83,301 | 68,700 |
| 당기순이익(비지배) | 3,655 | 3,104 | 8,422 | | | 767 | 619 | 1,833 | | |
| 자산총계 | 2,421,795 | 2,621,743 | 3,017,521 | 3,393,572 | 3,573,119 | 3,124,731 | 3,186,884 | 3,371,958 | 3,393,572 | |
| 부채총계 | 631,197 | 692,113 | 872,607 | 916,041 | 895,034 | 892,132 | 855,635 | 950,926 | 916,041 | |
| 자본총계 | 1,790,598 | 1,929,630 | 2,144,914 | 2,477,532 | 2,678,084 | 2,232,599 | 2,331,248 | 2,421,032 | 2,477,532 | |
| 자본총계(지배) | 1,728,768 | 1,864,243 | 2,072,134 | 2,400,690 | 2,595,750 | 2,158,845 | 2,256,714 | 2,344,764 | 2,400,690 | |
| 자본총계(비지배) | 61,830 | 65,387 | 72,780 | | | 73,754 | 74,534 | 76,268 | | |
| 자본금 | 8,975 | 8,975 | 8,975 | 8,975 | 8,851 | 8,975 | 8,975 | 8,975 | 8,975 | |
| 영업활동현금흐름 | 400,618 | 473,856 | 621,620 | 670,319 | 581,374 | 156,164 | 134,378 | 155,497 | 224,281 | |
| 투자활동현금흐름 | -271,678 | -296,587 | -493,852 | -522,405 | -317,253 | -73,733 | -121,817 | -169,222 | -157,632 | |
| 재무활동현금흐름 | -65,735 | -86,695 | -125,609 | -150,902 | -114,358 | -69,293 | -23,911 | 36,314 | -94,011 | |

**차트 10** 삼성전자

주식 005930 일 주 월 년 분 틱 1 3 5 10 15 30 60 1 10s 30s 기간 틀 비율 도구 현재 미현 동향 주문
20 삼성전자 43,850 0 0% 거래량 18,019,749 시 43,700 고 44,300 저 43,550 피보나치펜툴
삼성전자 MA 5 MA 210
최고:47,550 (2019/02/25일)→
44,555(02
43,850 (+0.00%)
←최저:36,850 (2019/01/02일)
37,169(01/14일)
47,550
46,000
42,000
40,000
38,000
36,000
거래량
8,000,000
6,000,000
4,000,000
2,000,000
+10
2018/10/15
11
12
2019
01
02
2019/02/25

PART 03

# 실전투자 노하우

# 01 눌림목 매매

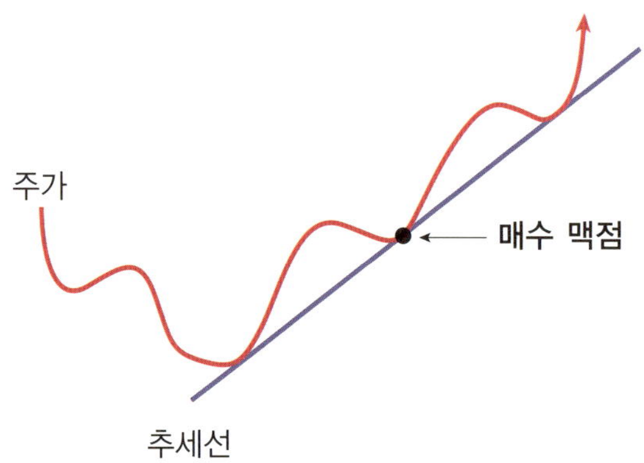


상승 추세를 이어가던 주가가 눌림 조정(기간 조정, 가격 조정, 매물 조정)을 주고 재차 상승하는 구간에서 매수하는 매매기법인데 다음 차트 1부터 10까지 디테일하게 검토해 보면 더욱더 이해가 빠를 것이다.

**차트 1 눌림목 매매** 에이씨티

## 차트 2 눌림목 매매 경인양행

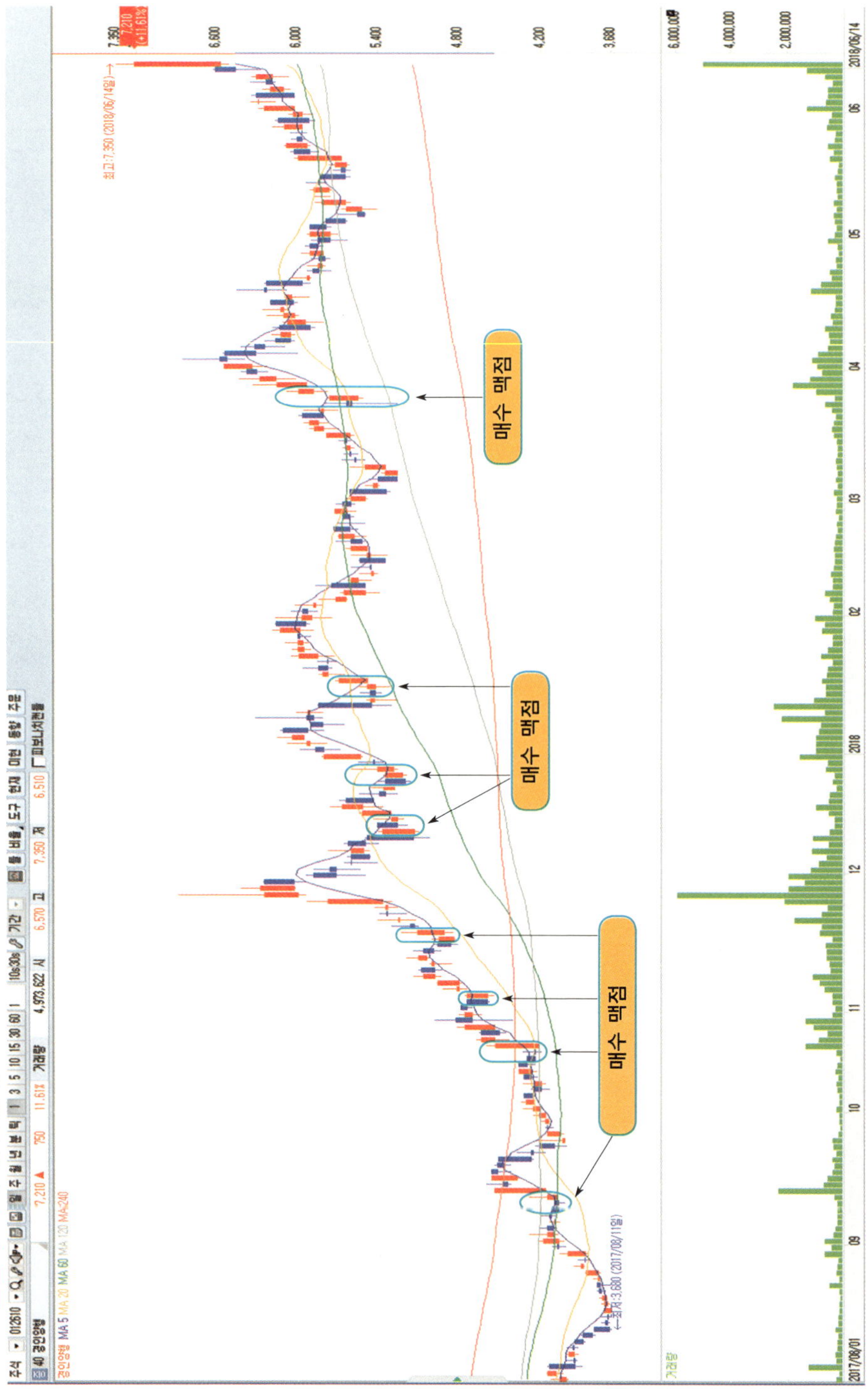

### 차트 3 눌림목 매매 동양네트웍스

**차트 4 눌림목 매매** 애경산업

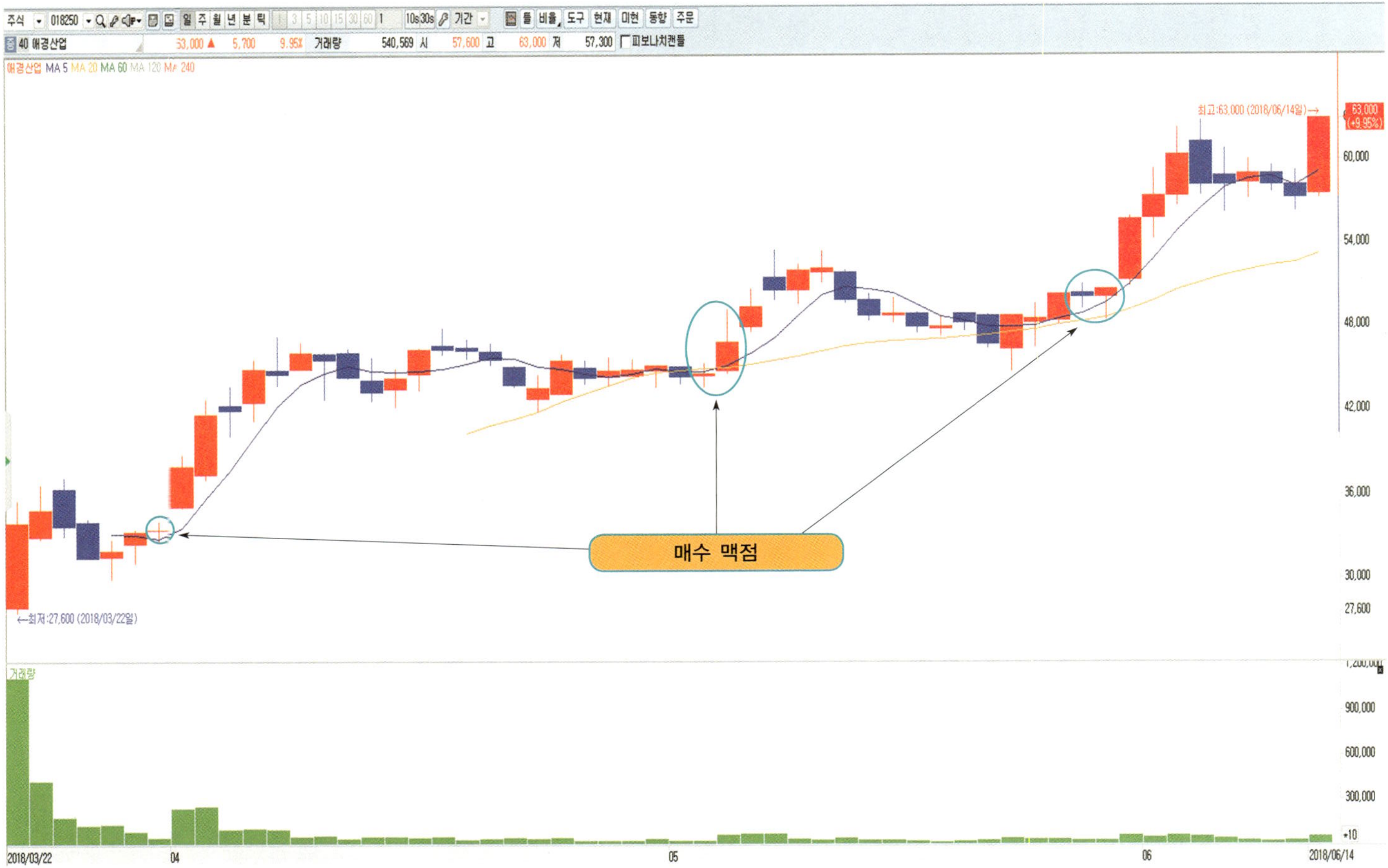

## 차트 5 눌림목 매매 코세스

### 차트 6 눌림목 매매 일진다이아

## 차트 7 눌림목 매매 세미콘라이트

## 차트 8 눌림목 마매 에스에프씨

**차트 9 눌림목 매매** 삼성전자

### 차트 10 눌림목 매매 SK하이닉스

# 02
# 상승장악형 매매

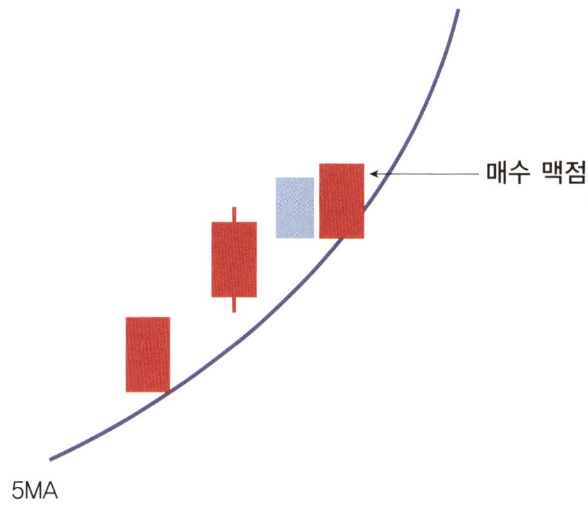


상승 추세를 이어가던 주가가 음봉 발생 후 그 음봉을 장악하는 상승장악형 양봉 캔들이 발생하면 매수하는 매매기법인데 특히 급등주에 활용하면 성공확률이 더 높다.

다음 차트 1~10까지 디테일하게 검토해 보면 더욱더 이해가 빠를 것이다.

**차트 1 상승장악형 매매** 덕성우

**차트 2 상승장악형 매매** 삼일제약

## 차트 3 상승장악형 매매 파버나인

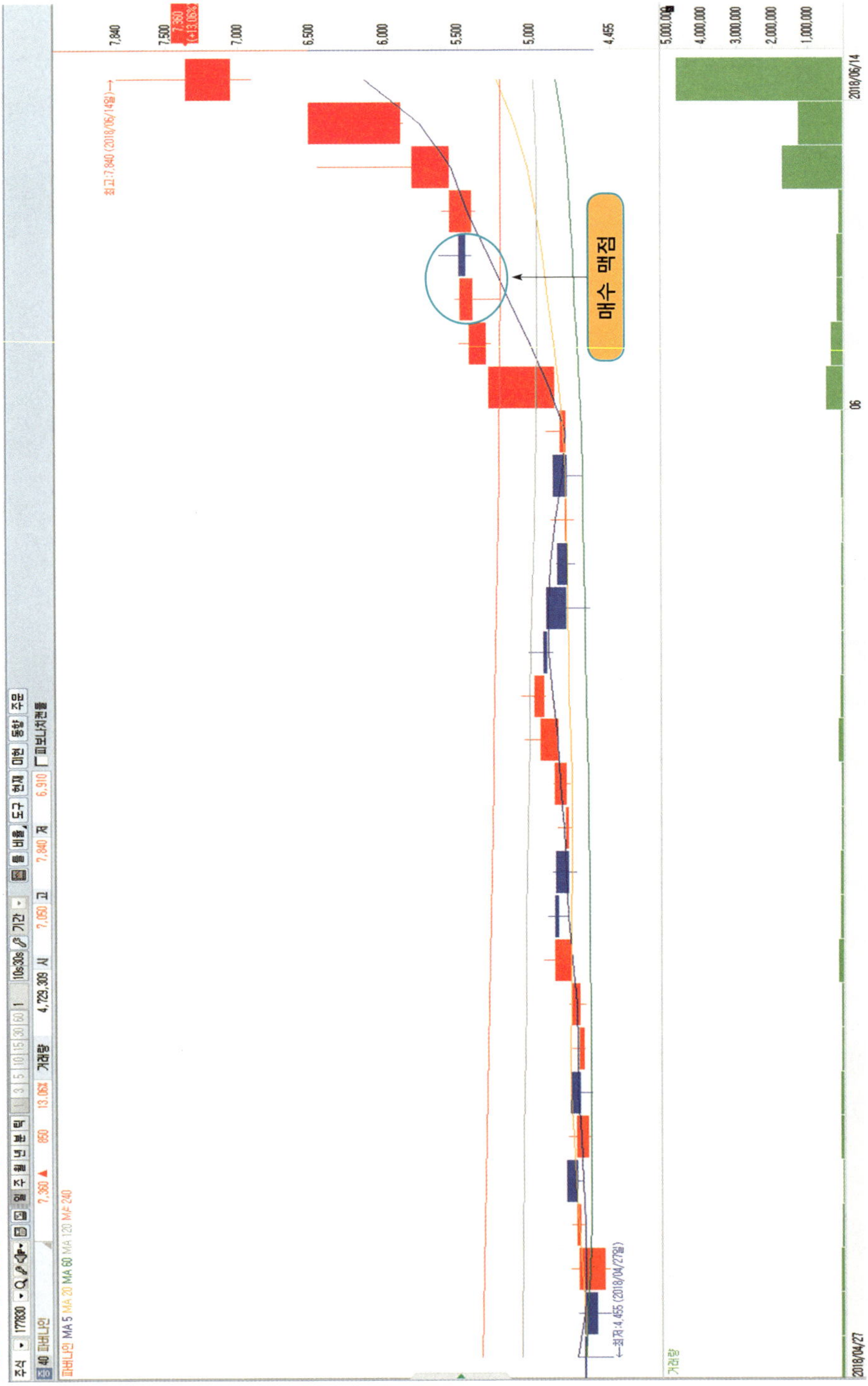

## 차트 4 상승장악형 매매 화성밸브

**차트 5 상승장악형 매매** 동양네트웍스

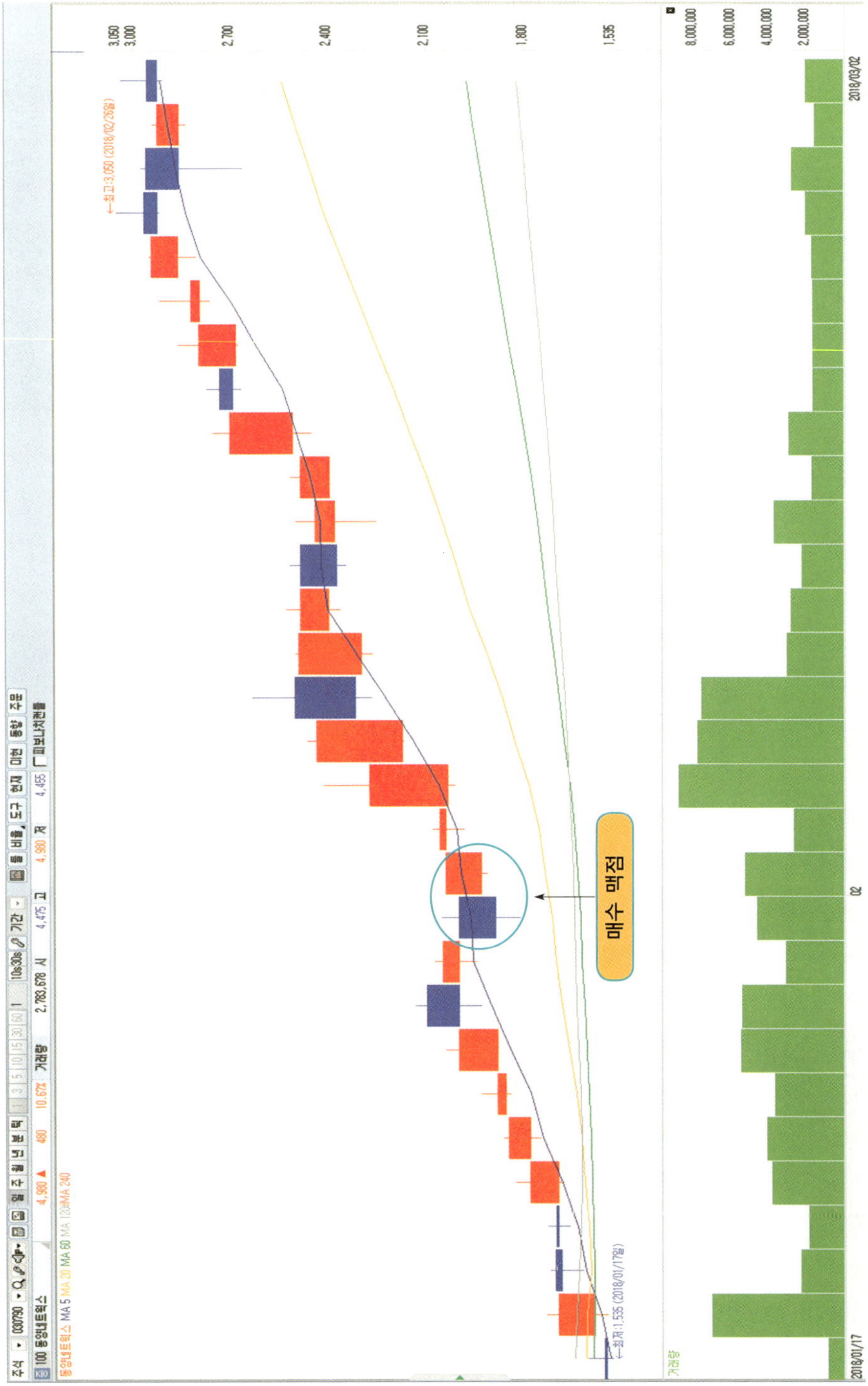

## 차트 6 상승장악형 매매 디지탈옵틱

## 차트 7 상승장악형 매매 일진다이아

**차트 8 상승장악형 매매** 삼화콘덴서

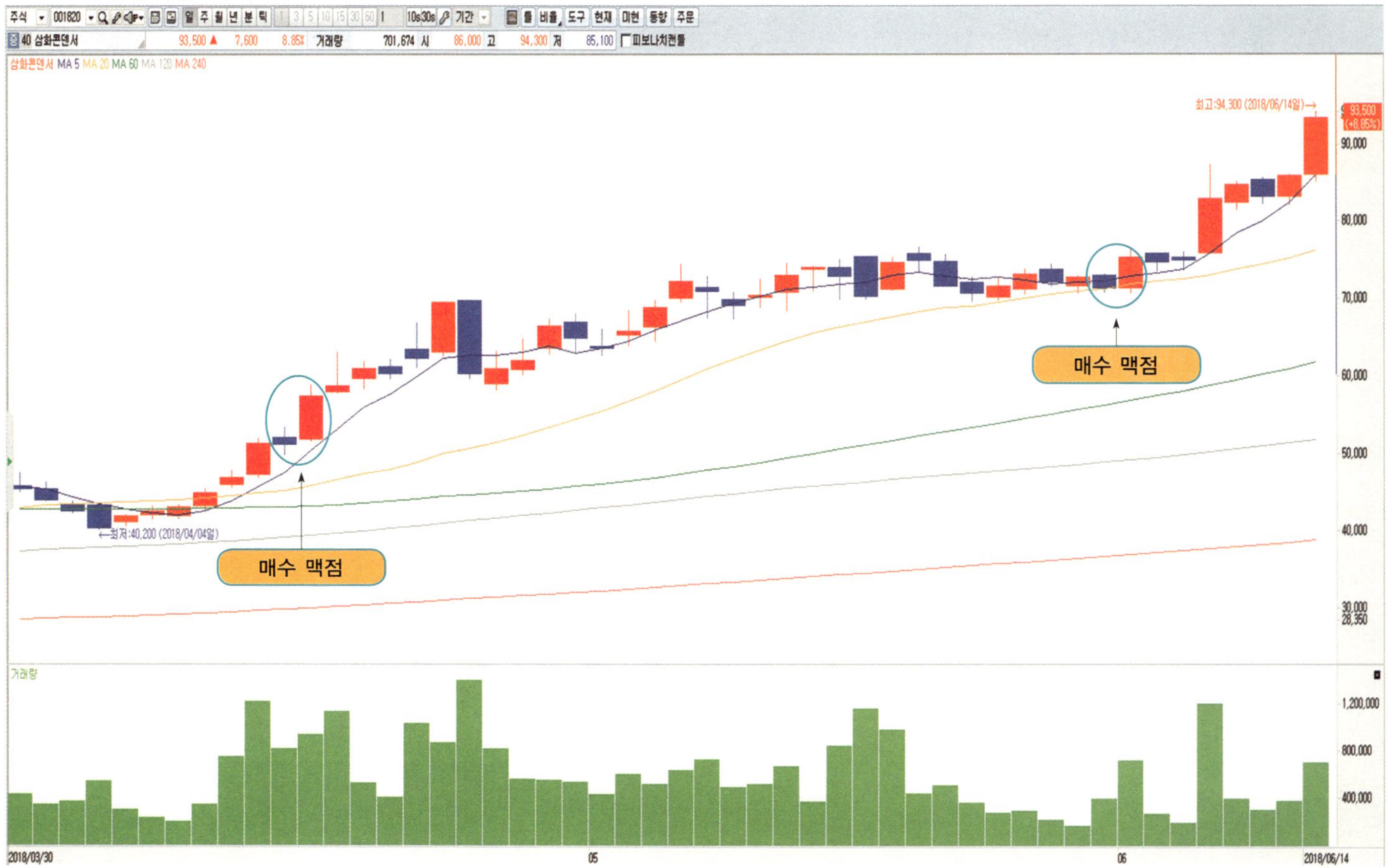

**차트 9 상승장악형 매매** 코세스

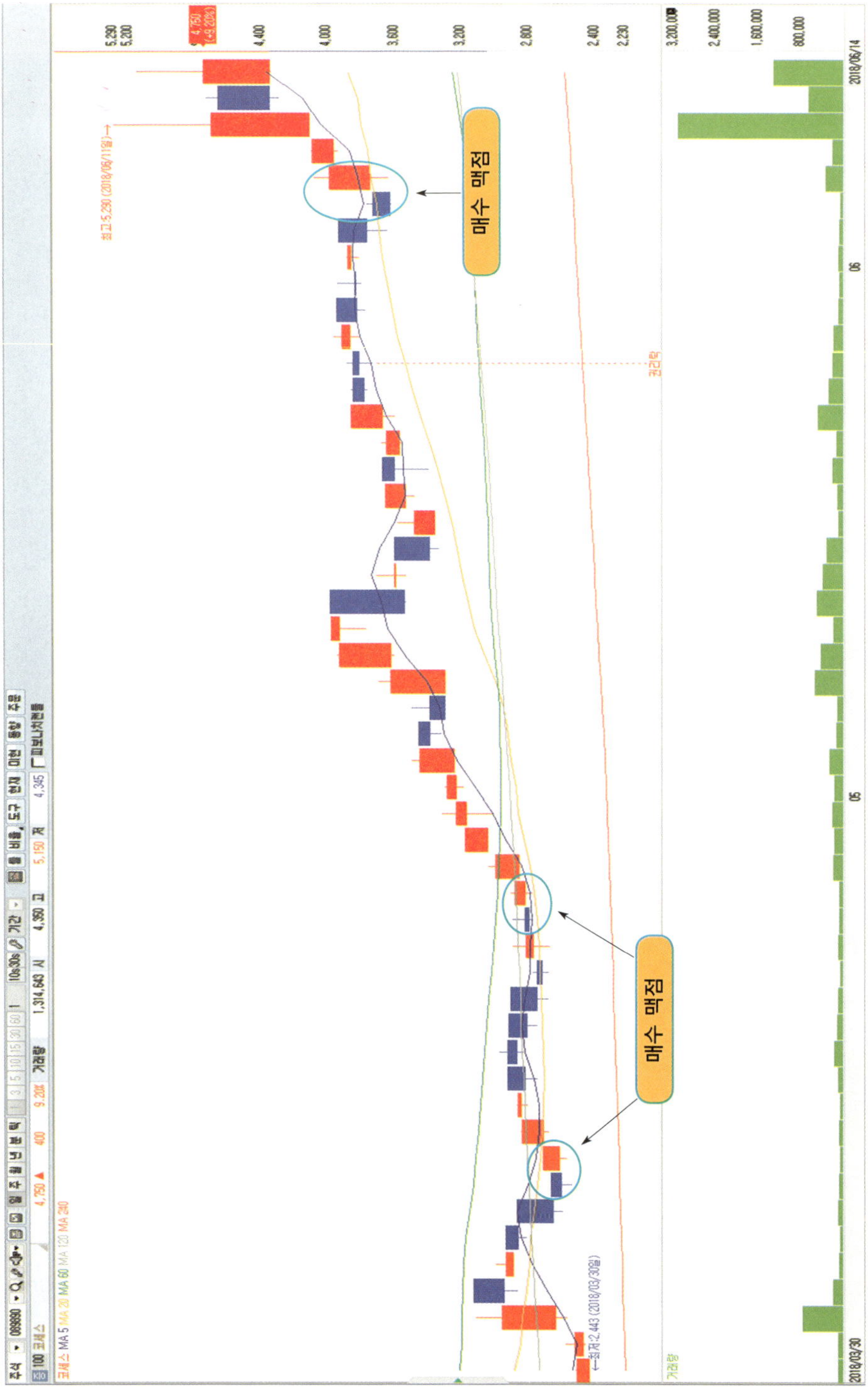

**차트 10 상승장악형 매매** 대성미생물

# 03
# 정배열 매매

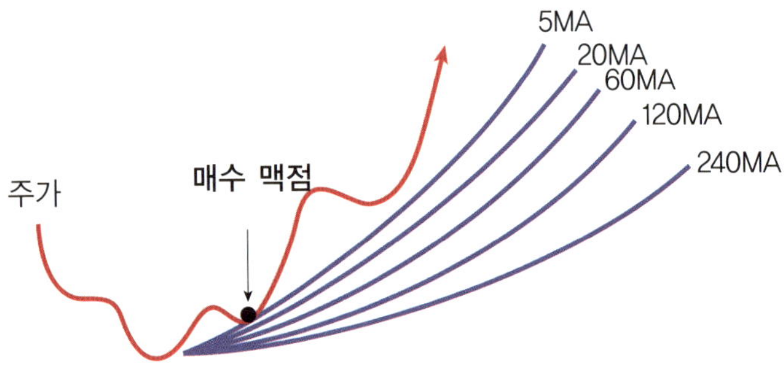


정배열을 활용한 다음 차트 1~10까지 디테일하게 검토해 보면 더욱더 이해가 빠를 것이다.

**차트 1 정배열 매매** 피앤텔

## 차트 2 정배열 매매 코세스

**차트 3 정배열 매매** 일진다이아

**차트 4 정배열 매매** 삼화콘덴서

**차트 5 정배열 매매** 피앤텔

## 차트 6 정배열 매매 코세스

**차트 7 정배열 매매** 전방

주식 000950 일 주 월 년 분 틱 10s 30s 기간 비율 도구 현재 미현 동향 주문
100 전방 26,600 ▲ 1,400 5.56% 거래량 37,125 시 26,000 고 28,900 저 25,850 피보나치팬틀
전방 MA 5 MA 20 MA 60 MA 120 MA 240
←최고:75,600 (2015/05/18일)
←최저:32,950 (2014/12/29일)
매수 맥점
75,600
70,000
63,000
56,000
49,000
42,000
35,000
29,300
26,600 (+5.56%)
거래량
270,000
180,000
90,000
2014/08/13
10
11
12
2015
02
03
04
05
06
2015/06/23

## 차트 8 정배열 매매 위닉스

**차트 9 정배열 매매** JW홀딩스

## 차트 10 정배열 매매 우수AMS

## 04
# 돌파 매매

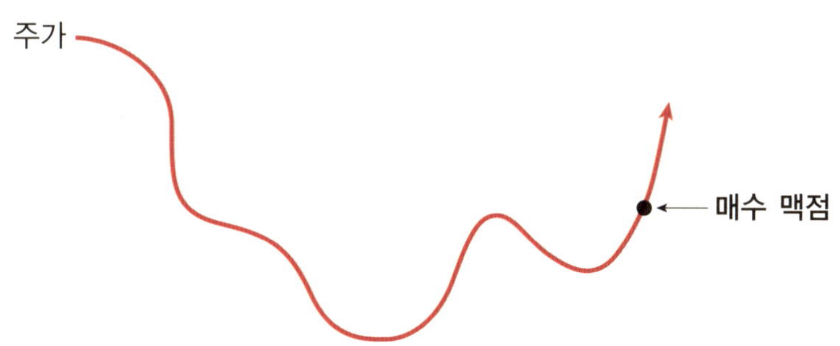


주가가 상승 추세를 이어가기 위해서는 전 고점이나 역사적 고점을 반드시 돌파해야 한다.

그 돌파 지점을 매수 맥점으로 잡는 기법인데, 다음 차트 1~10까지 디테일하게 분석해 보면 더욱더 이해가 빠를 것이다.

## 차트 1 돌파 매매 셀트리온

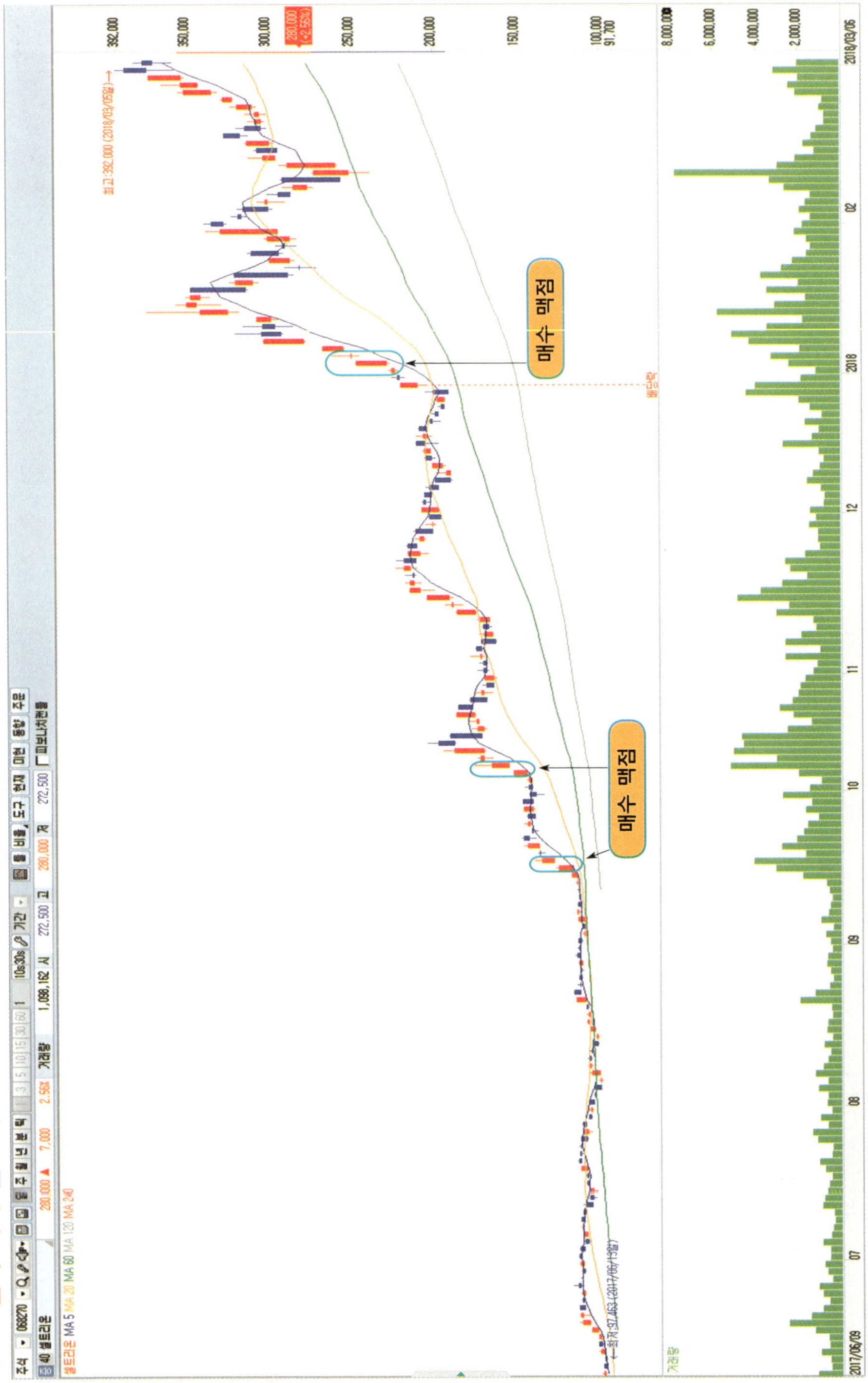

## 차트 2 돌파 매매 POSCO

## 차트 3 돌파 매매 LG생활건강

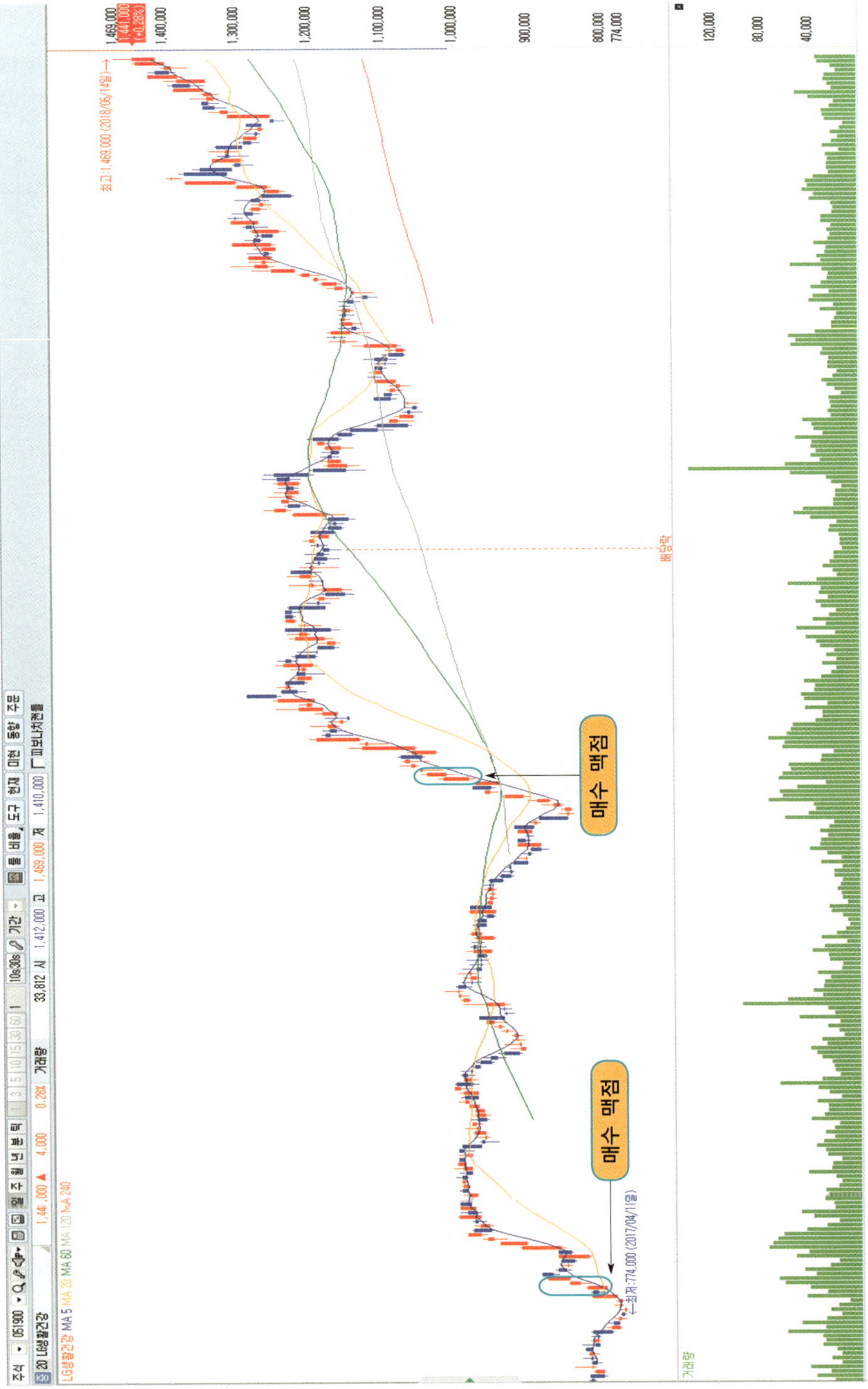

**차트 4 돌파 매매** 현대모비스

## 차트 5 돌파 매매 삼성생명

**차트 6 돌파 매매** SK이노베이션

## 차트 7 돌파 매매 SK

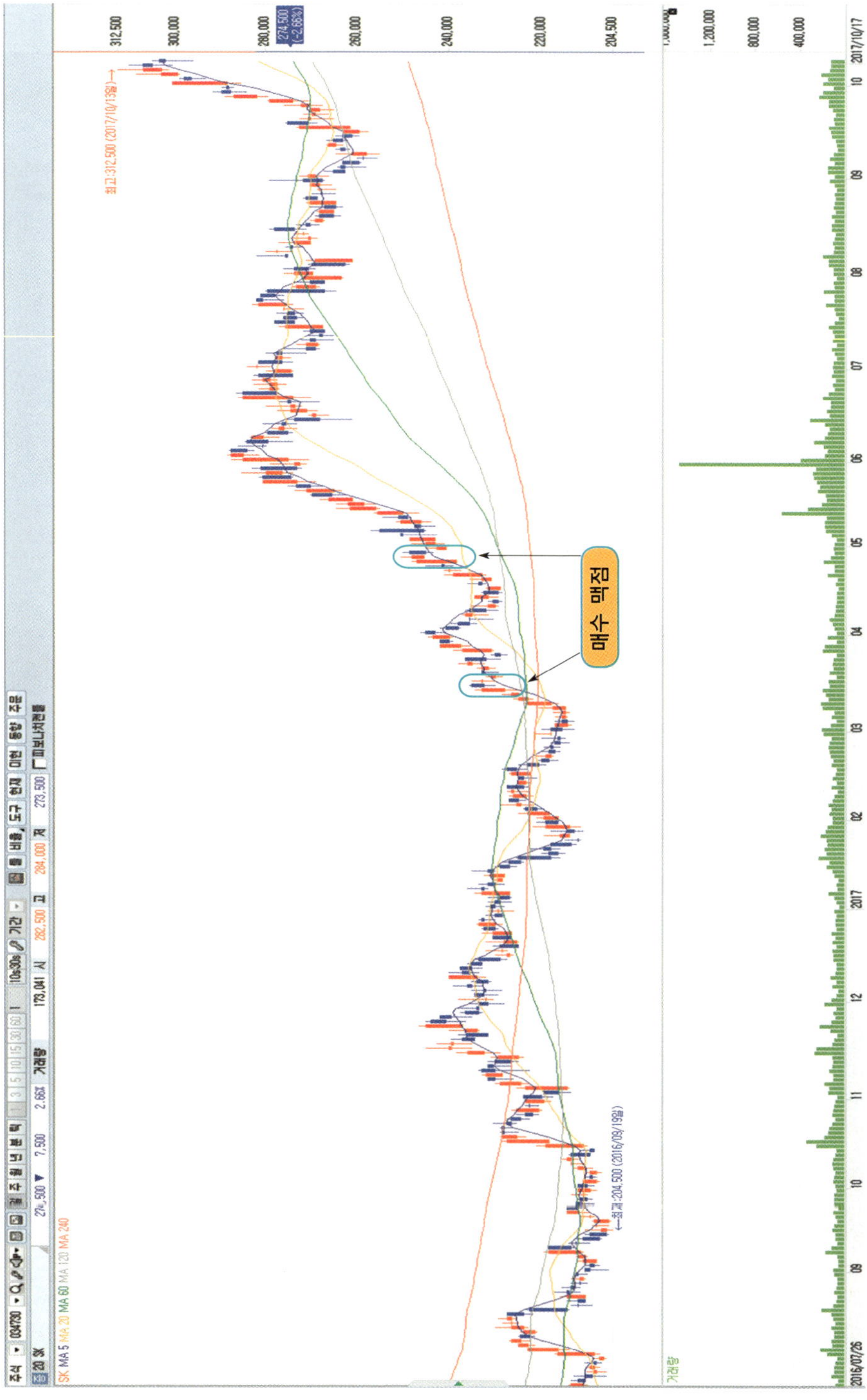

매수 맥점
최고:312,500 (2017/10/13일)→
←최저:204,500 (2016/09/19일)
SK MA 5 MA 20 MA 60 MA 120 MA 240
거래량

**차트 8 돌파 매매** 아모레퍼시픽

## 차트 9 돌파 매매 삼성SDI

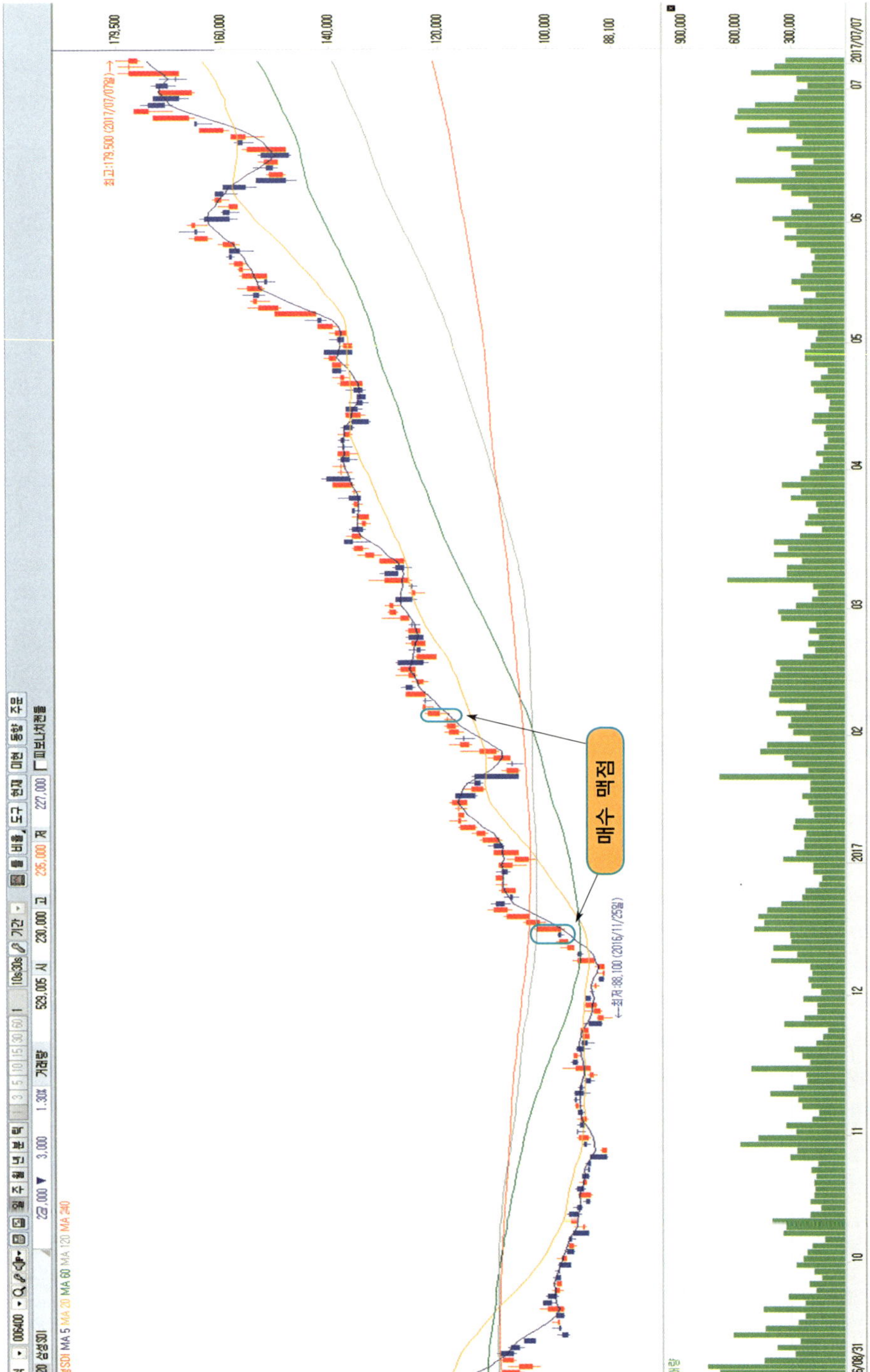

**차트 10 돌파 매매** LG전자

05

# 급등주 매매

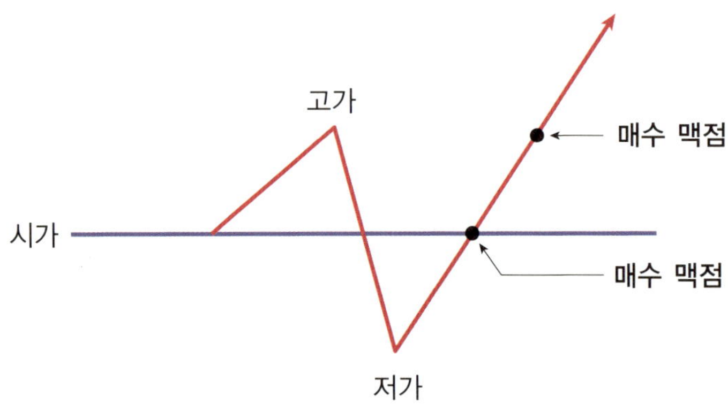


주식을 당일 매매하여 수익을 내고자 하는 경우에는 데이 트레이딩이나 스켈핑 매매를 해야 하는데 본 매매기법을 디테일하게 검토한 후 잘 활용하면 큰 도움이 될 것이다.

다음 차트 1~10까지 정교하게 분석하면 더욱더 이해가 빠를 것이다.

**차트 1 급등주 매매** 화성밸브

## 차트 2 급등주 매매 에스모

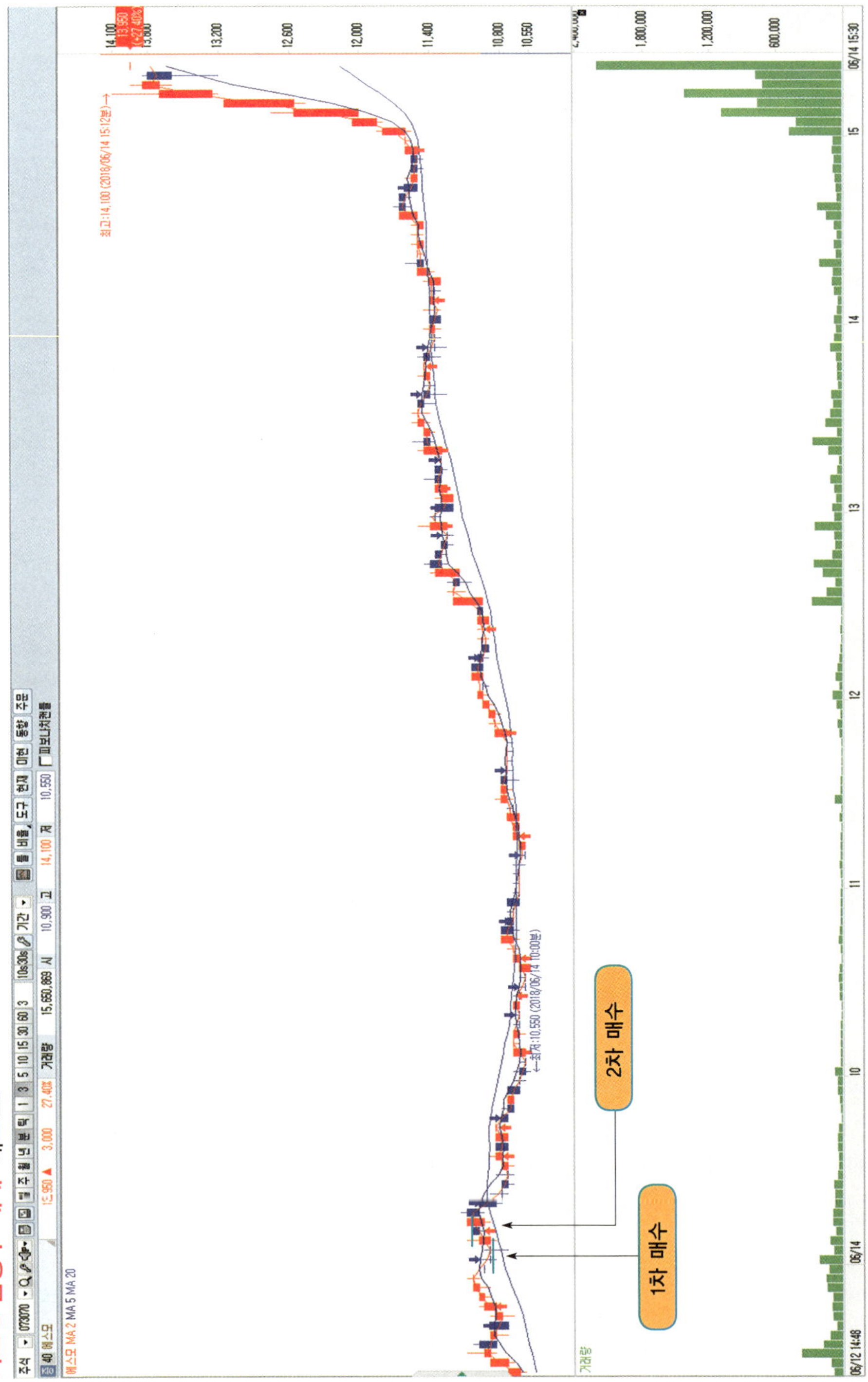

**차트 3 급등주 매매** 아이텍반도체

**차트 4 급등주 매매** 깨끗한나라우

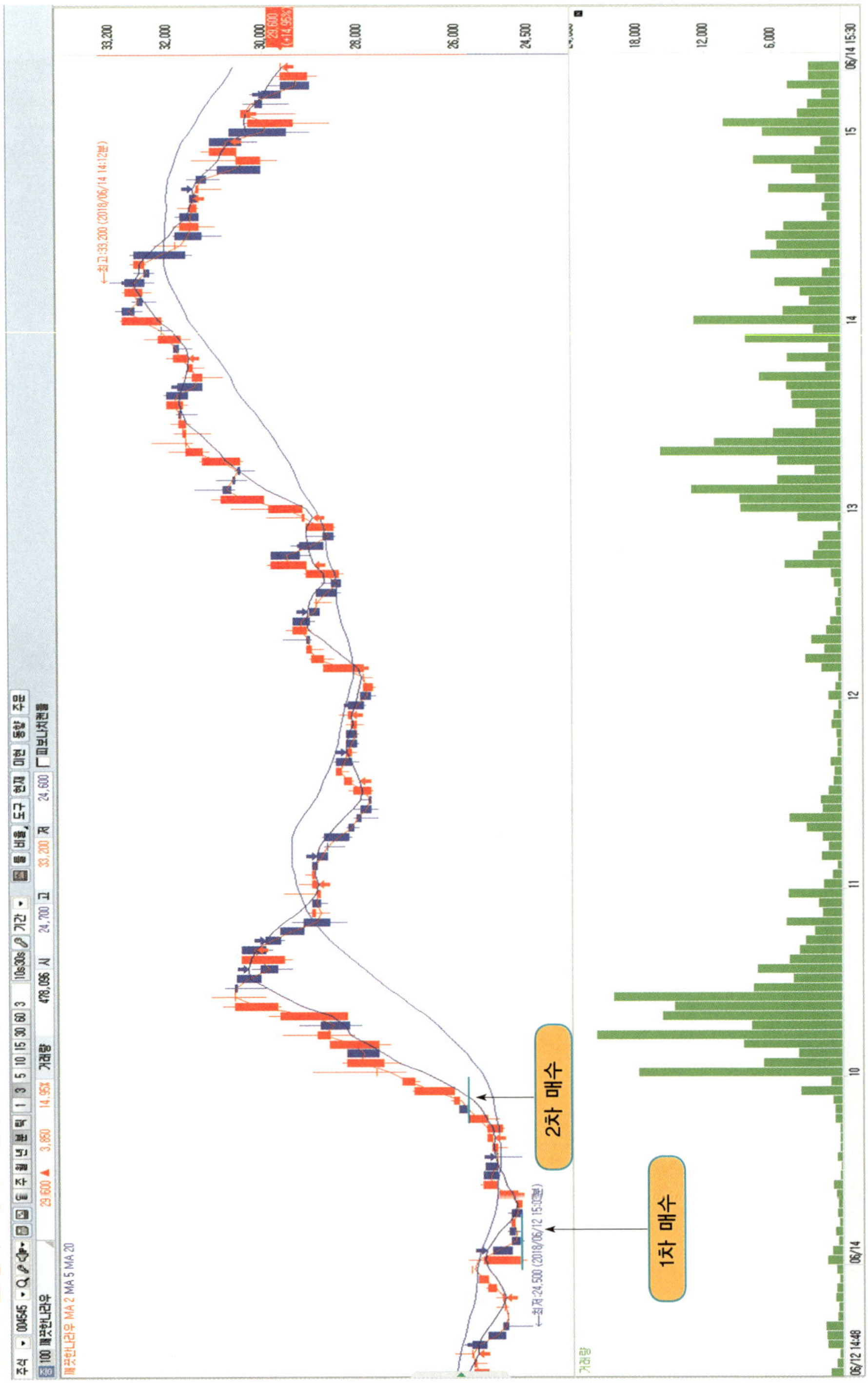

## 차트 5 급등주 매매 디딤

1차 매수
2차 매수
최고:2,760 (2018/06/14 10:00분)
최저:2,115 (2018/06/12 14:27분)
디딤 MA 2 MA 5 MA 20
거래량
2,450 ▲ 320 15.02% 거래량 5,032,755 시 2,170 고 2,760 저 2,120
06/12 14:27
06/14
10
11
12
13
14
15
06/14 15:30

## 차트 6 급등주 매매 에이씨티

**차트 7 급등주 매매** 경인양행

**차트 8 급등주 매매** 디지탈옵틱

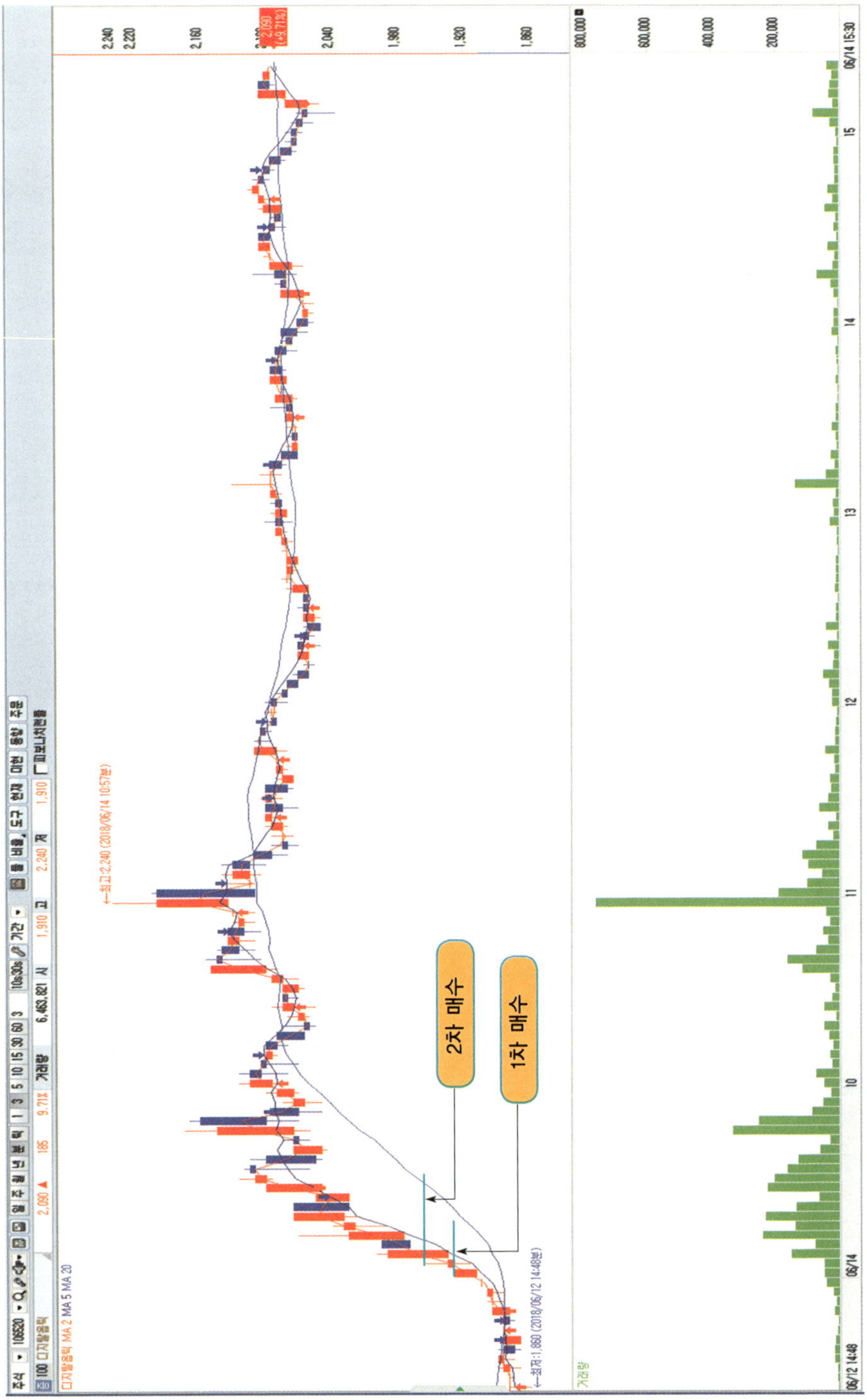

**차트 9 급등주 매매** 애경산업

## 차트 10 급등주 매매 동양네트웍스

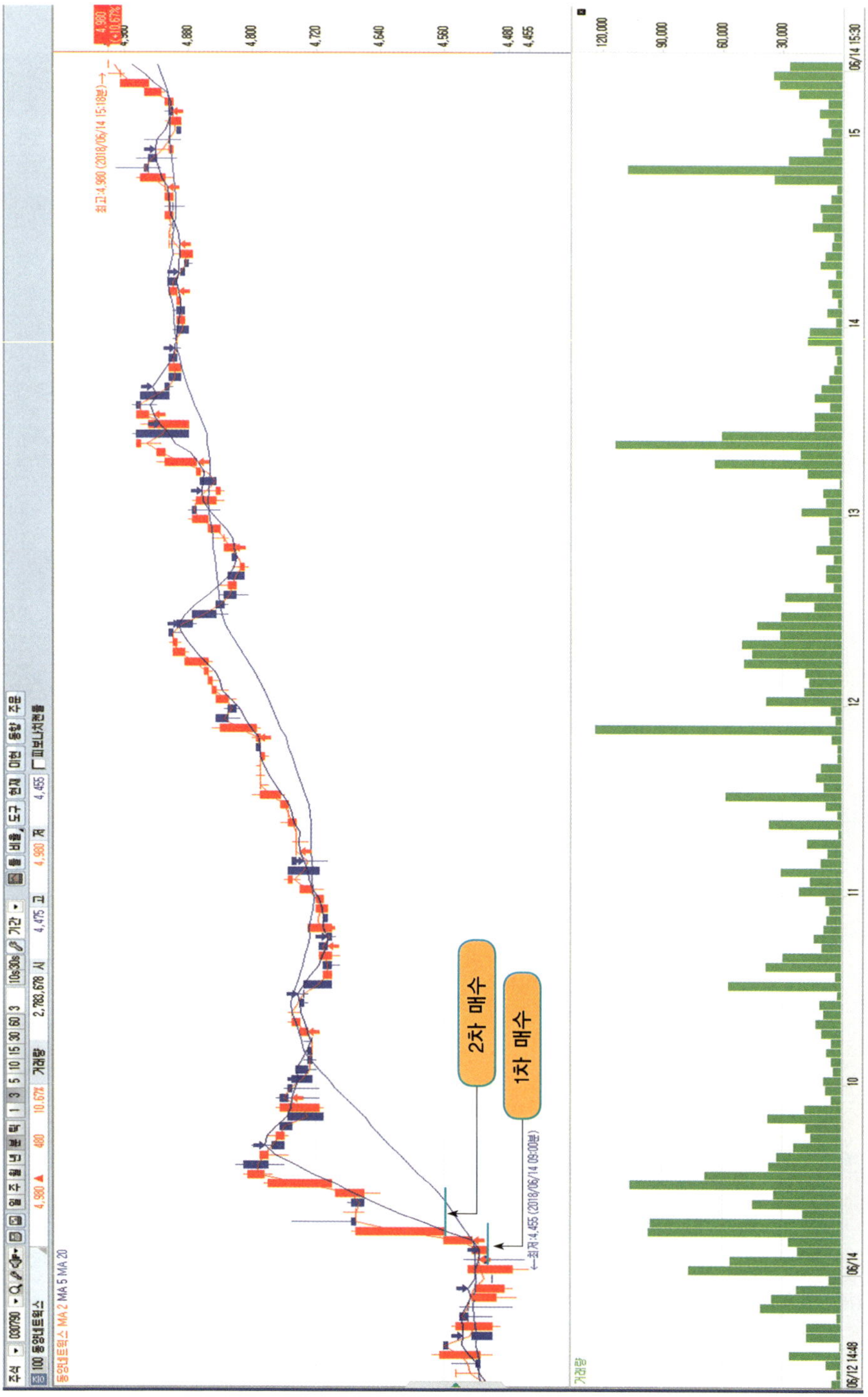

06

# 전 저점 매매

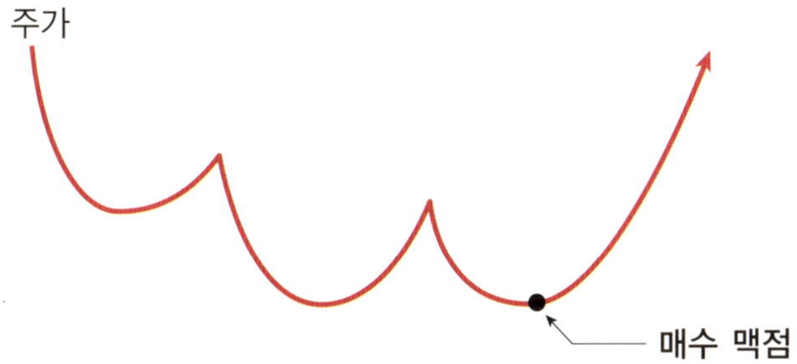


상승하던 주가가 전 저점까지 조정을 받고 그 조정 구간에서 가격의 멈춤흐름이 감지될 때 매수하는 매매기법인데, 다음 차트 1~10까지 정교하게 검토해 보면 더욱더 이해가 빠를 것이다.

**차트 1 전 저점 매매** LG디스플레이

**차트 2 전 저점 매매** 현대건설

**차트 3 전 저점 매매** 롯데쇼핑

**차트 4 전 저점 매매** 코웨이

**차트 5 전 저점 매매** 강원랜드

**차트 6 전 저점 매매** 삼화페인트

## 차트 7 전 저점 매매 호텔신라

**차트 8 전 저점 매매** 동원F&B

**차트 9 전 저점 매매** LG생활건강

**차트 10 전 저점 매매** 디케이락

# 07
# 20선 · 60선 정배열 매매

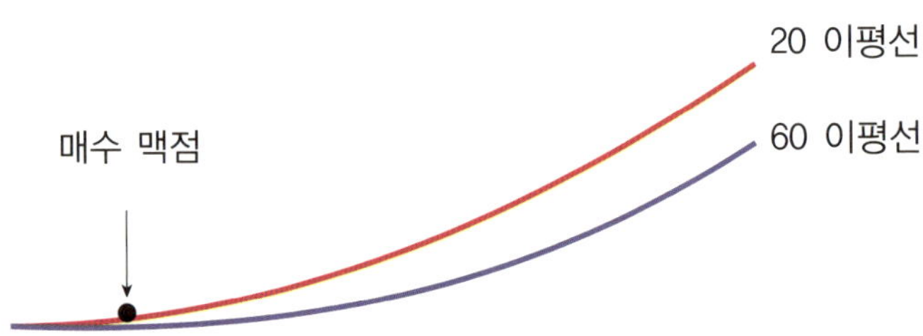


가격이 상승하기 위해서는 반드시 20일 이동평균선과 60일 이동평균선이 정배열을 만들게 되는데, 그 정배열 초입에 매수해 들어가는 매매기법이다.

다음 차트 1~10까지 정교하게 분석해 보면 더욱 이해가 빠를 것이다.

**차트 1 20선 · 60선 정배열 매매** 남해화학

**차트 2 20선 · 60선 정배열 매매** 조광ILI

## 차트 3 20선 · 60선 정배열 매매 조비

**차트 4 20선 · 60선 정배열 매매** 한국석유

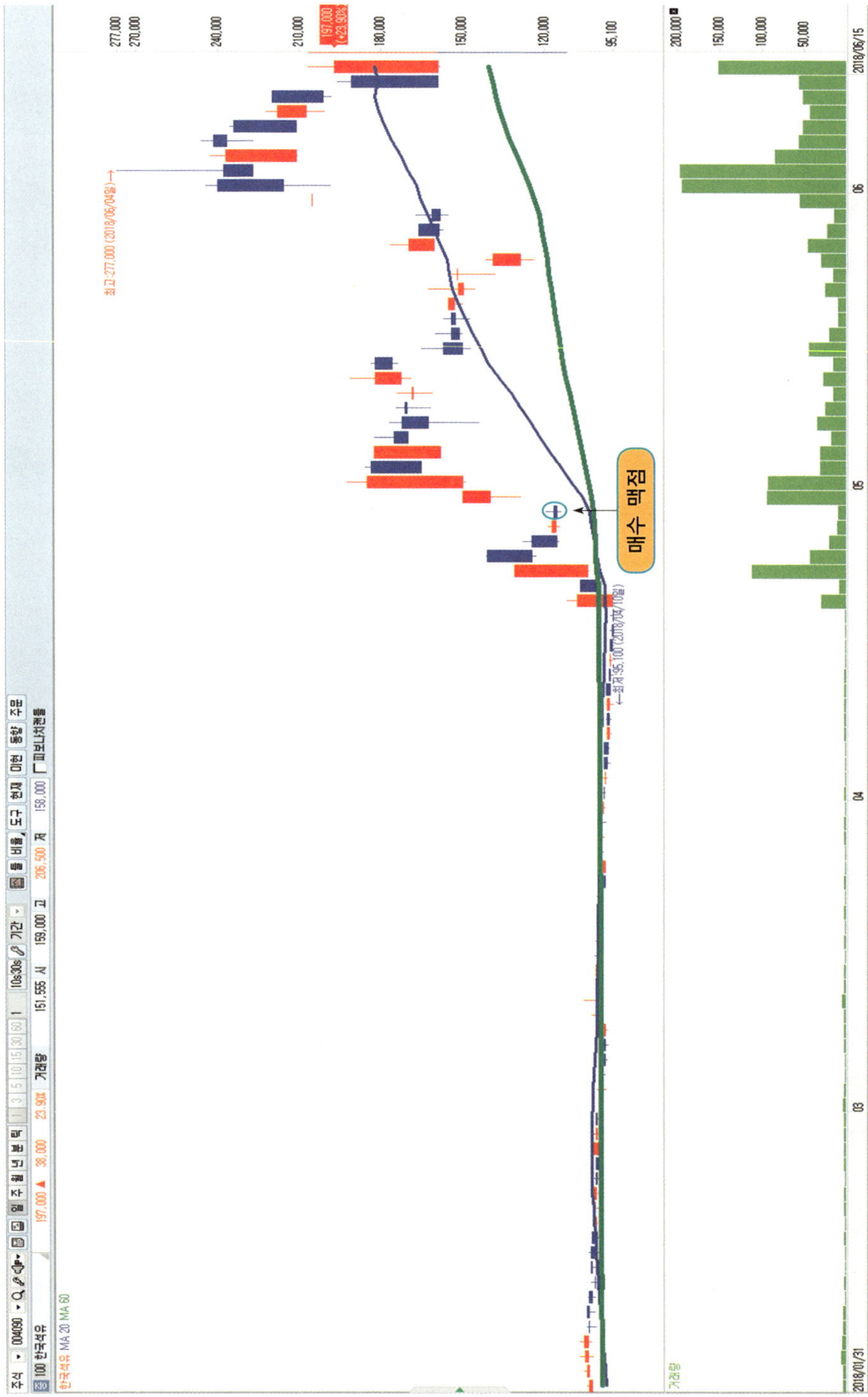

**차트 5 20선 · 60선 정배열 매매** 대성미생물

## 차트 6 20선 · 60선 정배열 매매 와이오엠

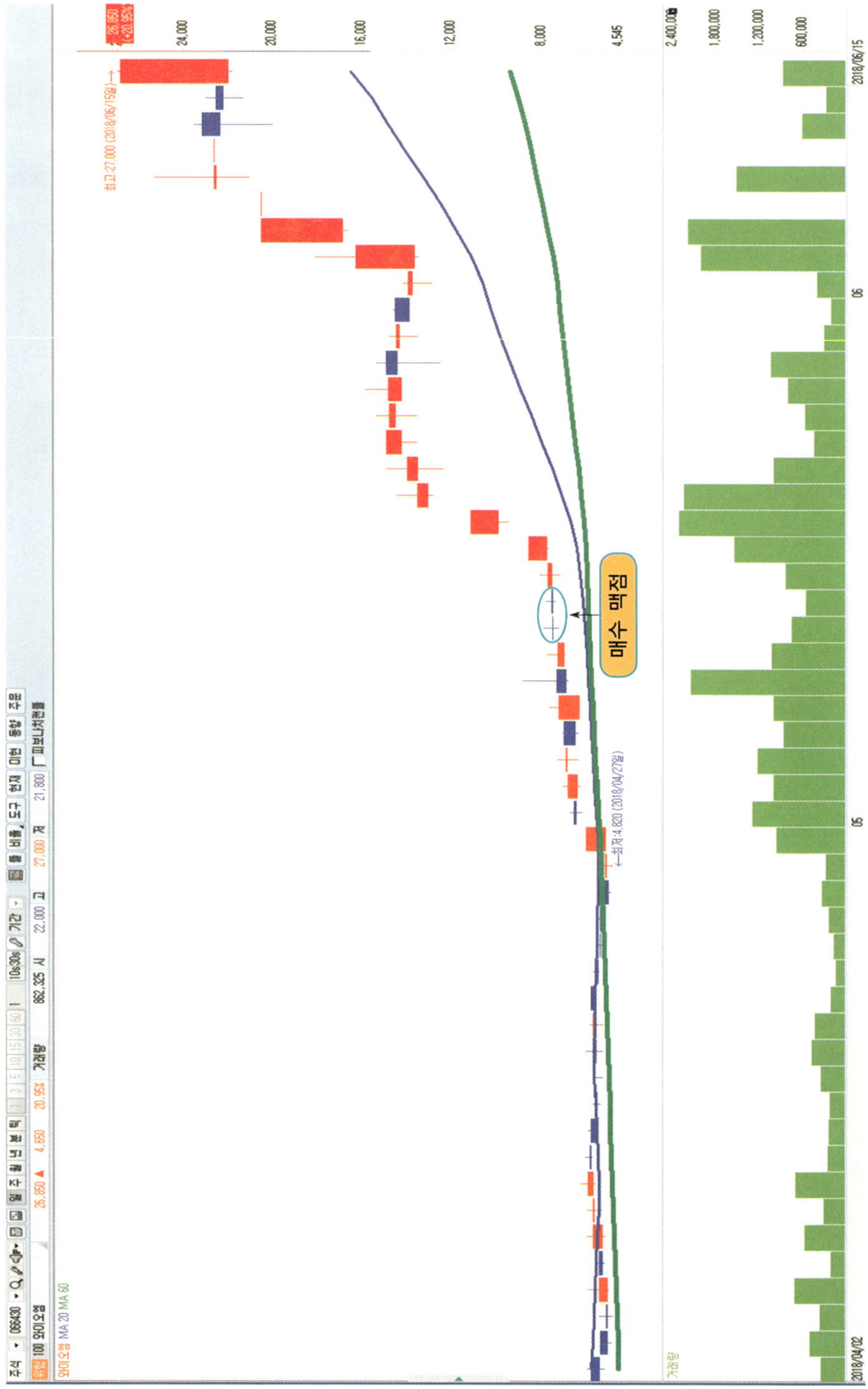

**차트 7 20선 · 60선 정배열 매매** 효성오앤비

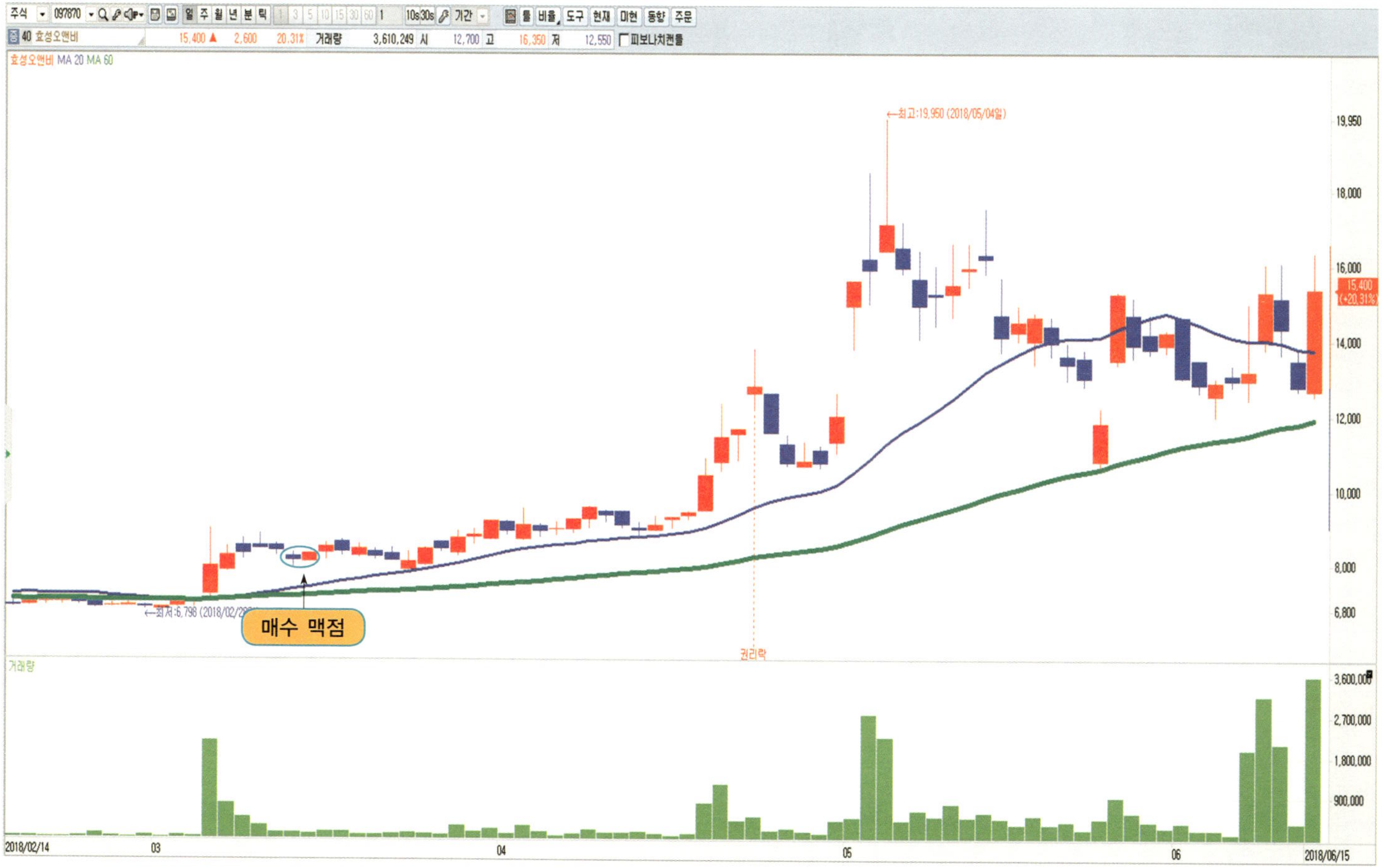

## 차트 8 20선 · 60선 정배열 매매 대동스틸

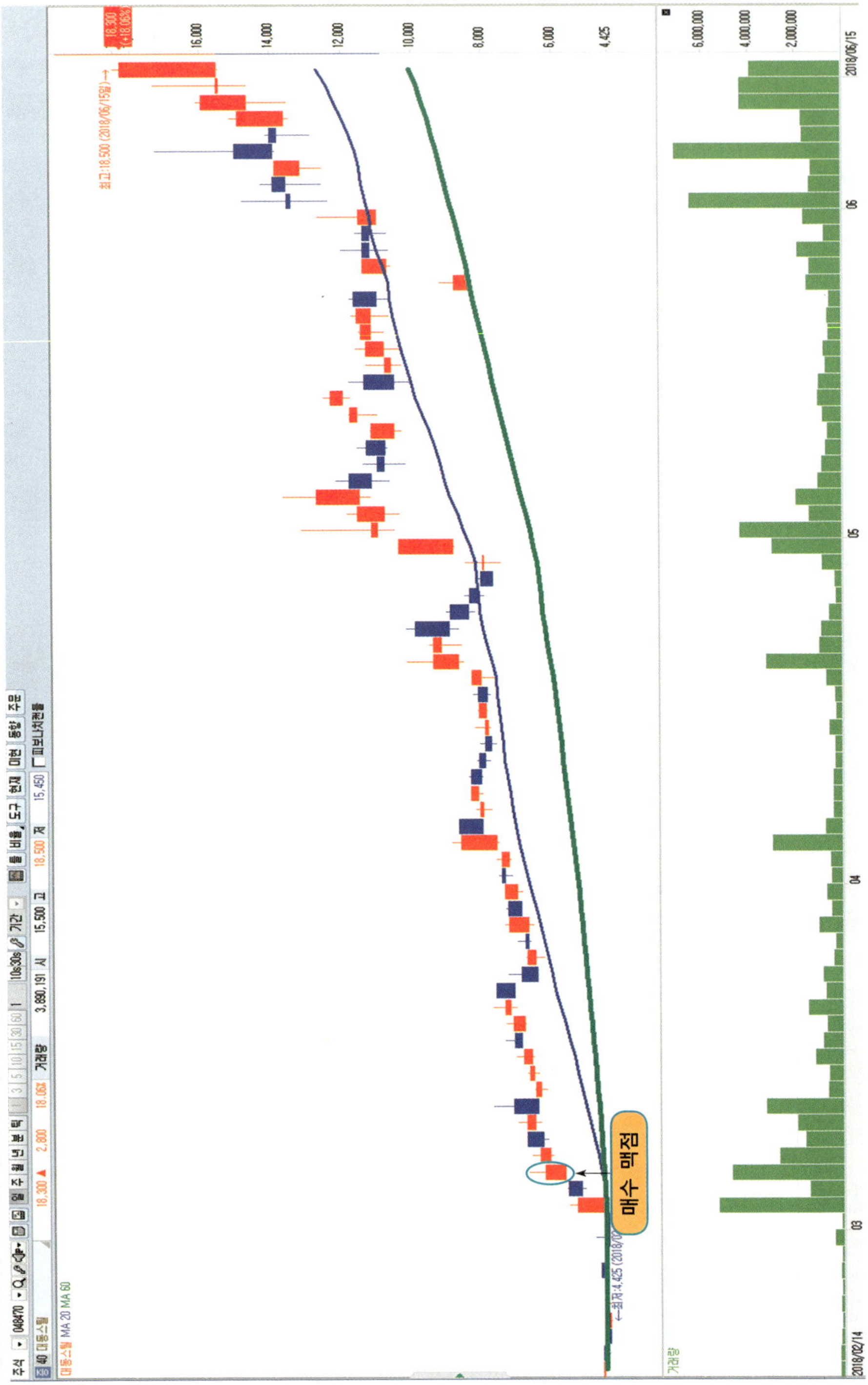

**차트 9 20선 · 60선 정배열 매매** 대창솔루션

**차트 10 20선 · 60선 정배열 매매** 에쓰씨엔지니어링

## 08
# 기간 조정 매매

**매수 맥점** : 기간 조정 중 분할매수

시세를 한 번 낸 주식이 오르지도 않고 그렇다고 하락하지도 않으며 옆으로 횡보하는 경우가 있다.

주식은 수급에 의해서 좌우되는데 특정 주식에 우호적인 매수세가 없을 때는 그 주식이 하락하게 된다. 만약 그 특정 주식이 횡보나 상승한다면 알 수는 없지만 누군가가 그 주식을 관리하고 있다고 보아야 한다.

한 번 1파 상승 후 옆으로 횡보한다는 것은 가격 조정 없이 기간 조정만 한다고 봐야 하는데 주식이 기간 조정을 하는 이유에는 매집 세력이 저가에 받쳐 주식을 싸게 매수하려는 목적과 이동평균선 간의 이격을 좁히려고 하는 목적 등이 있다.

다음 차트 1~10까지 정교하게 분석해 보면 더욱 이해가 빠를 것이다.

**차트 1 기간 조정 매매** 미코 주봉

**차트 2 기간 조정 매매** 인지컨트롤스 일봉

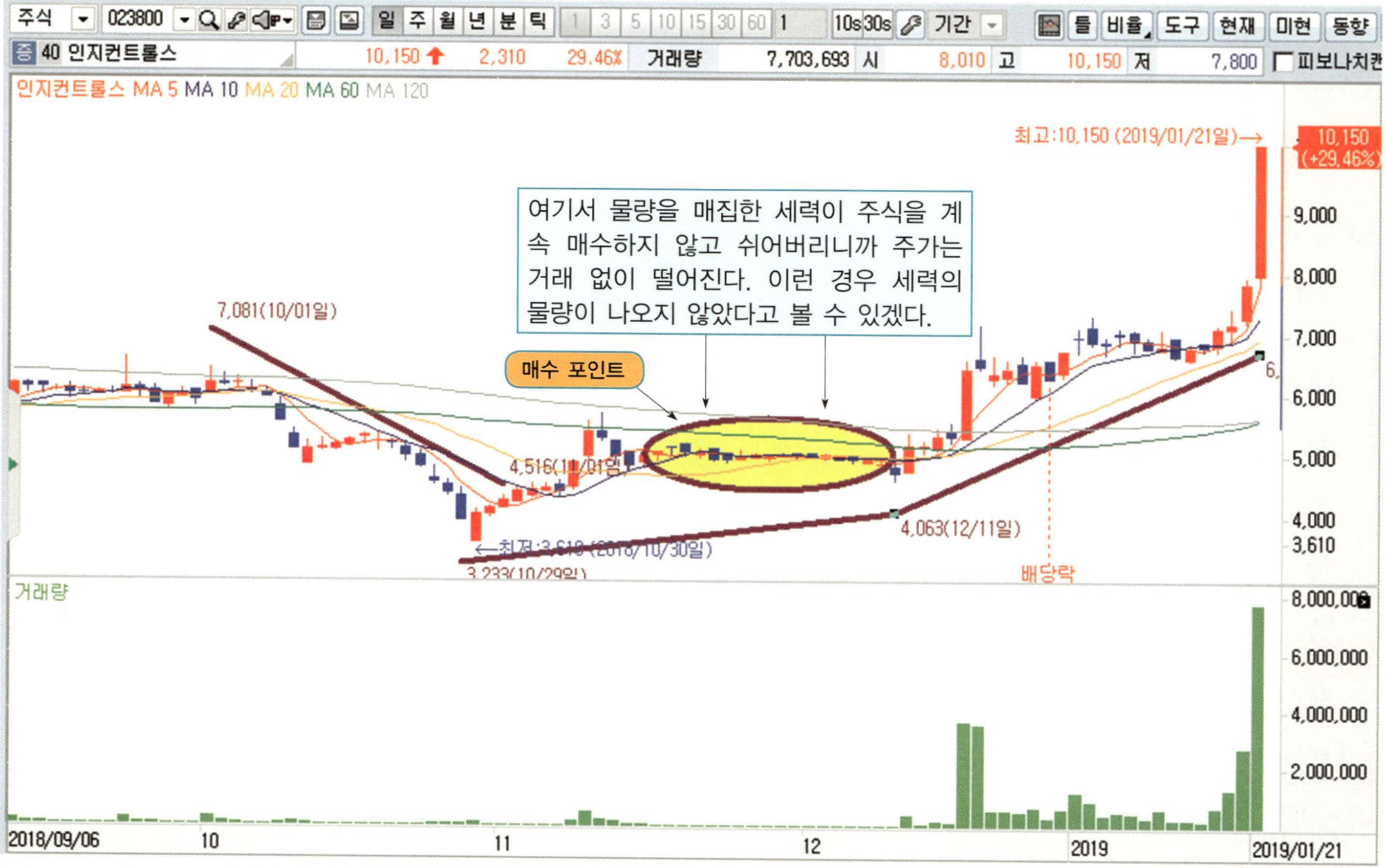

**차트 3 기간 조정 매매** 동양피스톤 일봉

**차트 4 기간 조정 매매** 서연전자 일봉

**차트 5 기간 조정 매매** EG 일봉

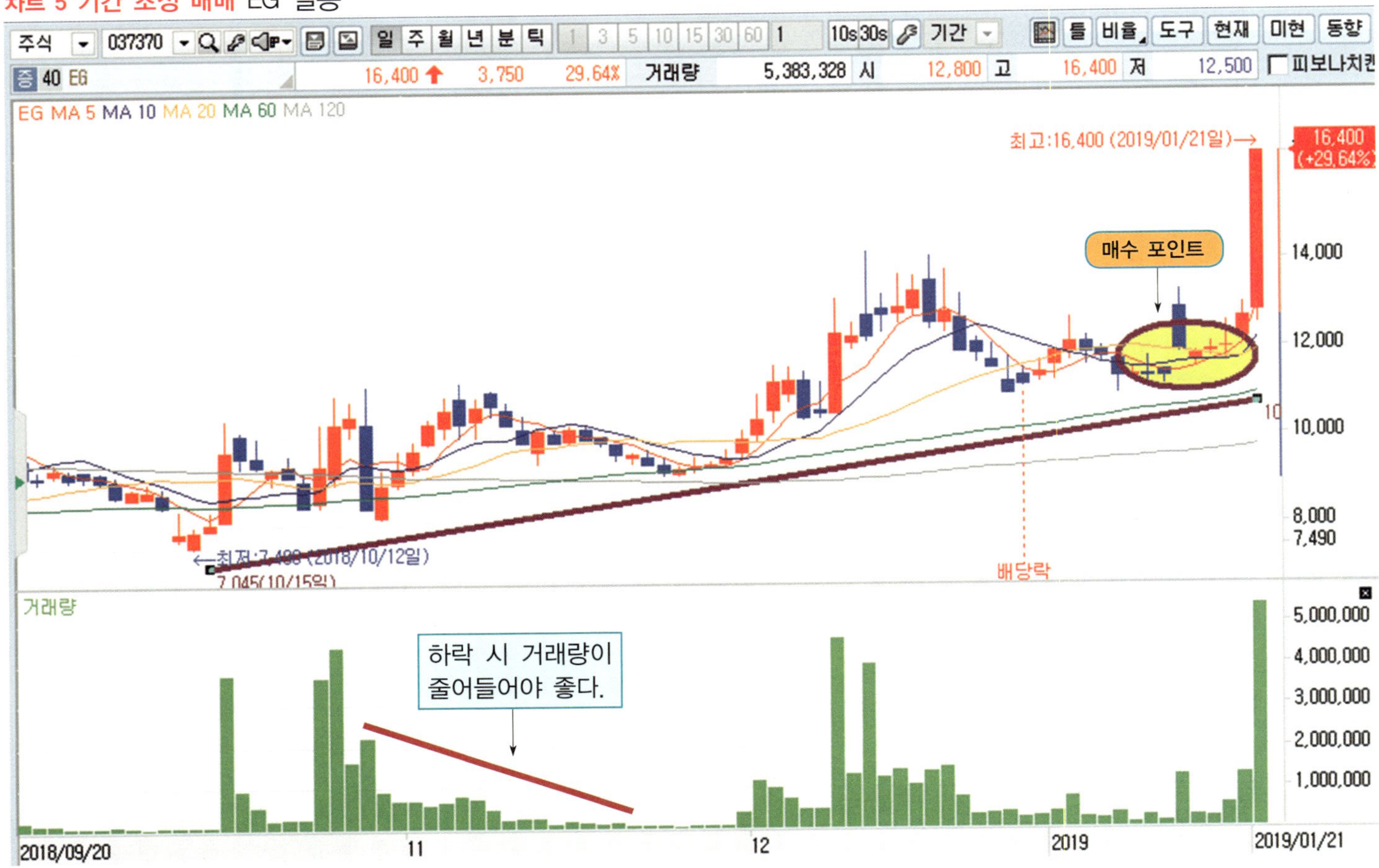

**차트 6 기간 조정 매매** 일진다이아 일봉

**차트 7 기간 조정 매매** 구영테크 일봉

**차트 8 기간 조정 매매** 솔고바이오 일봉

**차트 9 기간 조정 매매** 아진산업 일봉

**차트 10 기간 조정 매매** 세원 일봉

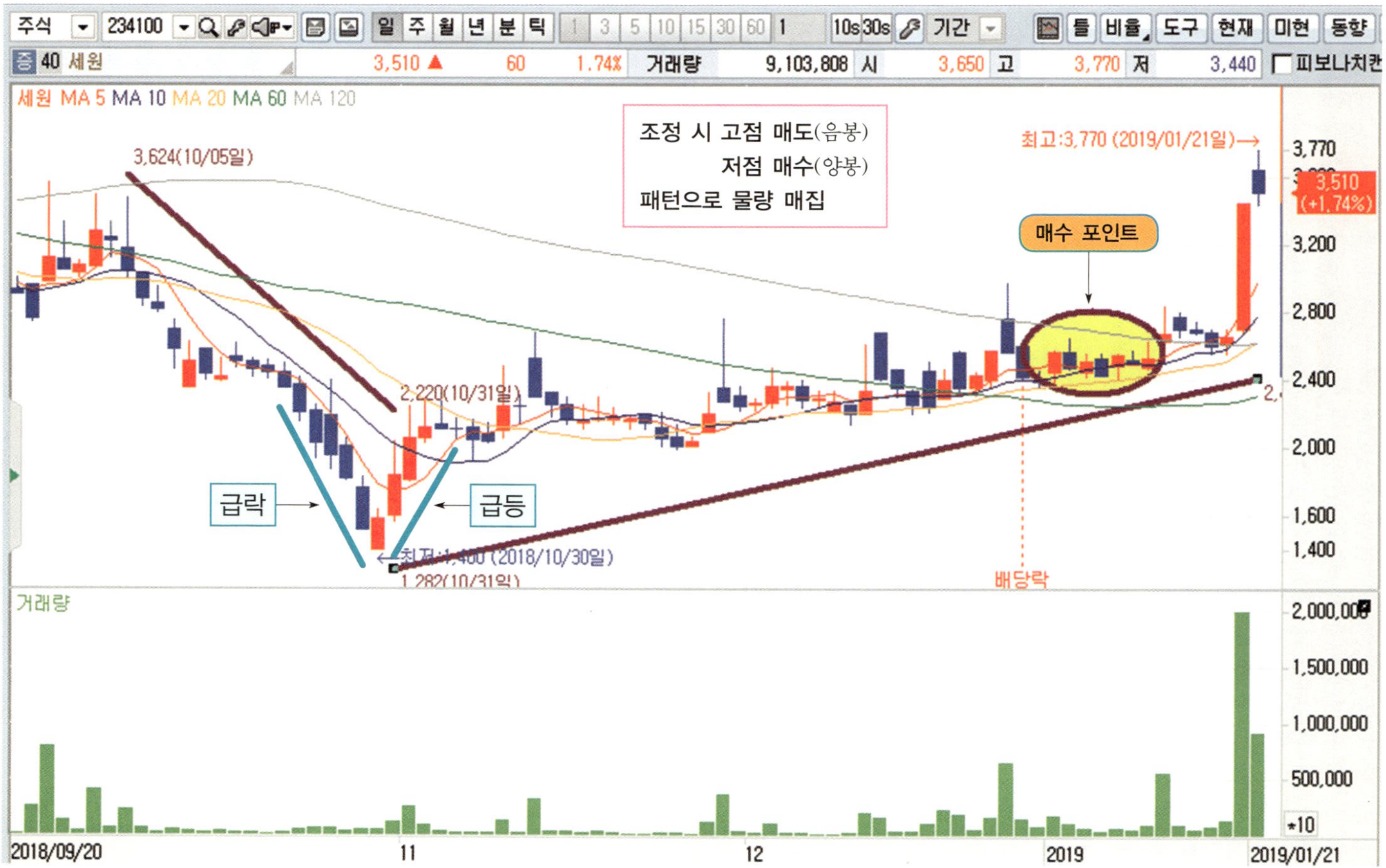

# 09
# 갭 상승 매매

**매수 맥점** : 갭 상승 캔들 아랫꼬리 매수

주가가 통상 3~5% 정도 이상 상승하여 강하게 시가가 형성되는 경우를 갭 상승이라고 하는데, 주식은 오를수록 더 오를 것 같이 싸게 보이기 때문에 이럴 때 추격매수하는 경우가 많다. 그러나 갭 상승한 주식은 조금 하락하다 다시 오를 가능성이 약 80% 정도이므로 추격매수보다는 갭 상승 후 조금 밀릴 때, 즉 봉에서 보면 밑꼬리가 달릴 때 그때 매수하는 것이 정석이라 하겠다.

다음 차트 1~10까지 정교하게 분석해 보면 더욱 이해가 빠를 것이다.

**차트 1 갭 상승 매매** 경농 일봉

**차트 2 갭 상승 매매** 인디에프 일봉

**차트 3 갭 상승 매매** 흥구석유 일봉

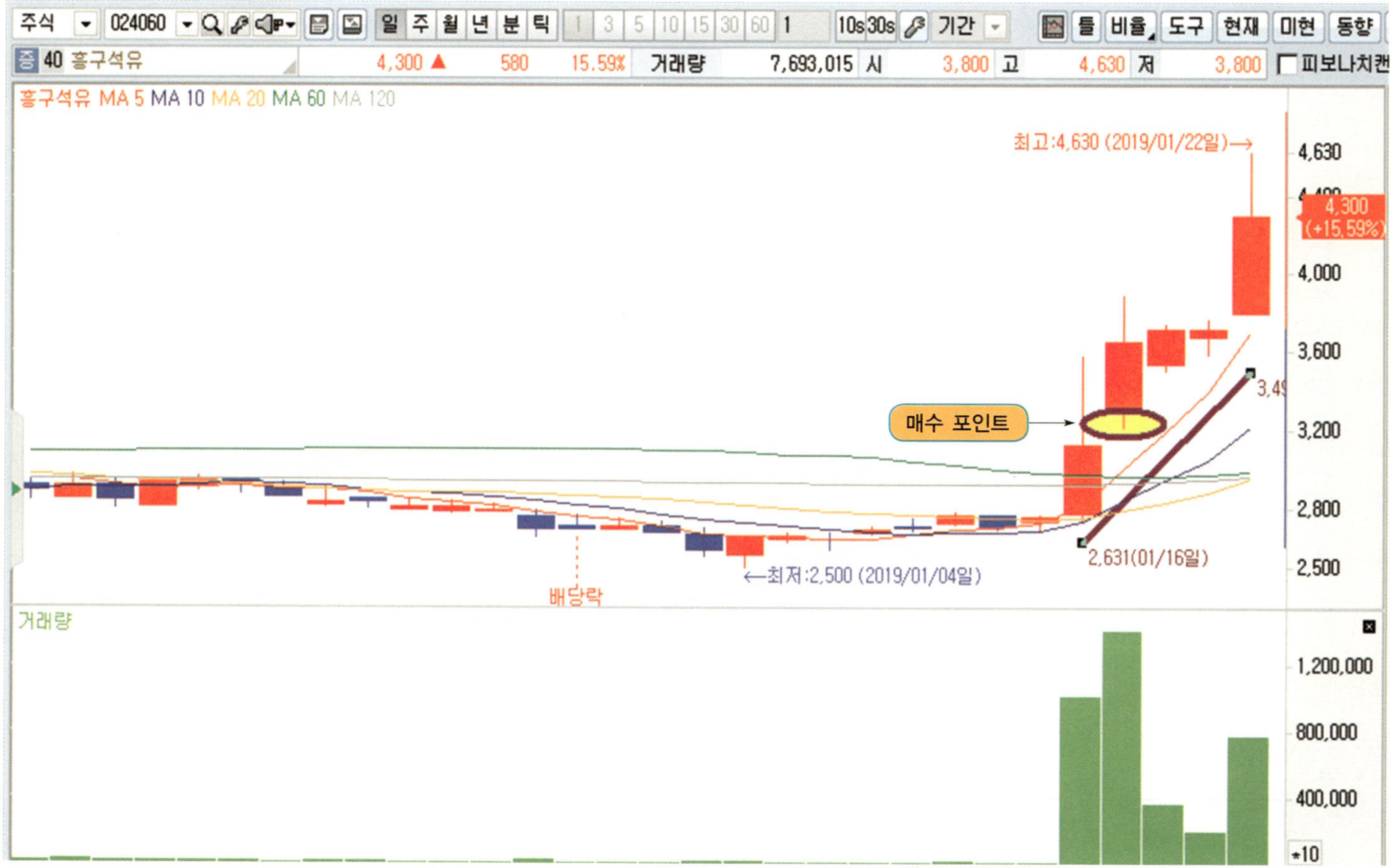

차트 4 갭 상승 매매 티비씨 일봉

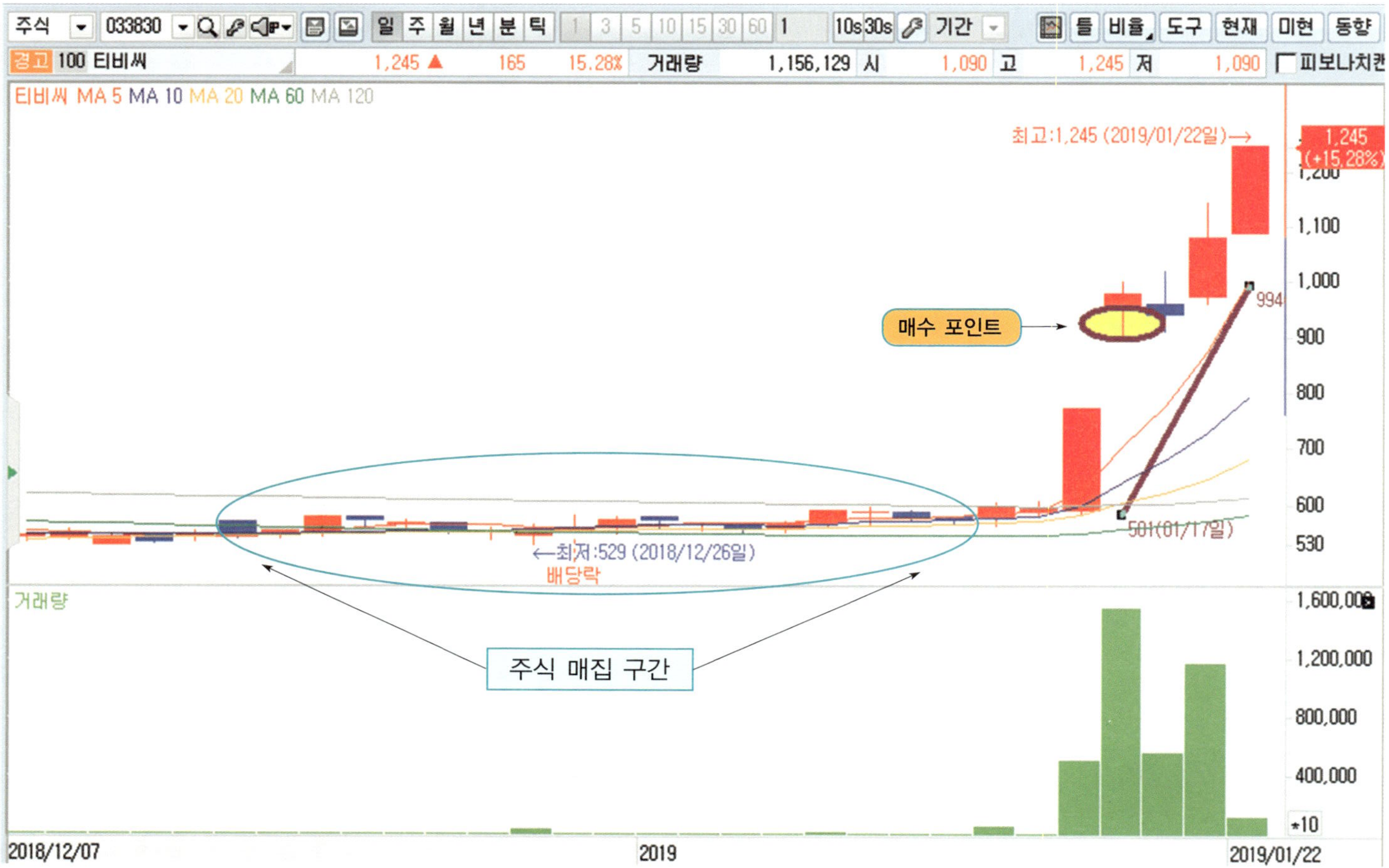

**차트 5 갭 상승 매매** 대륙제관 일봉

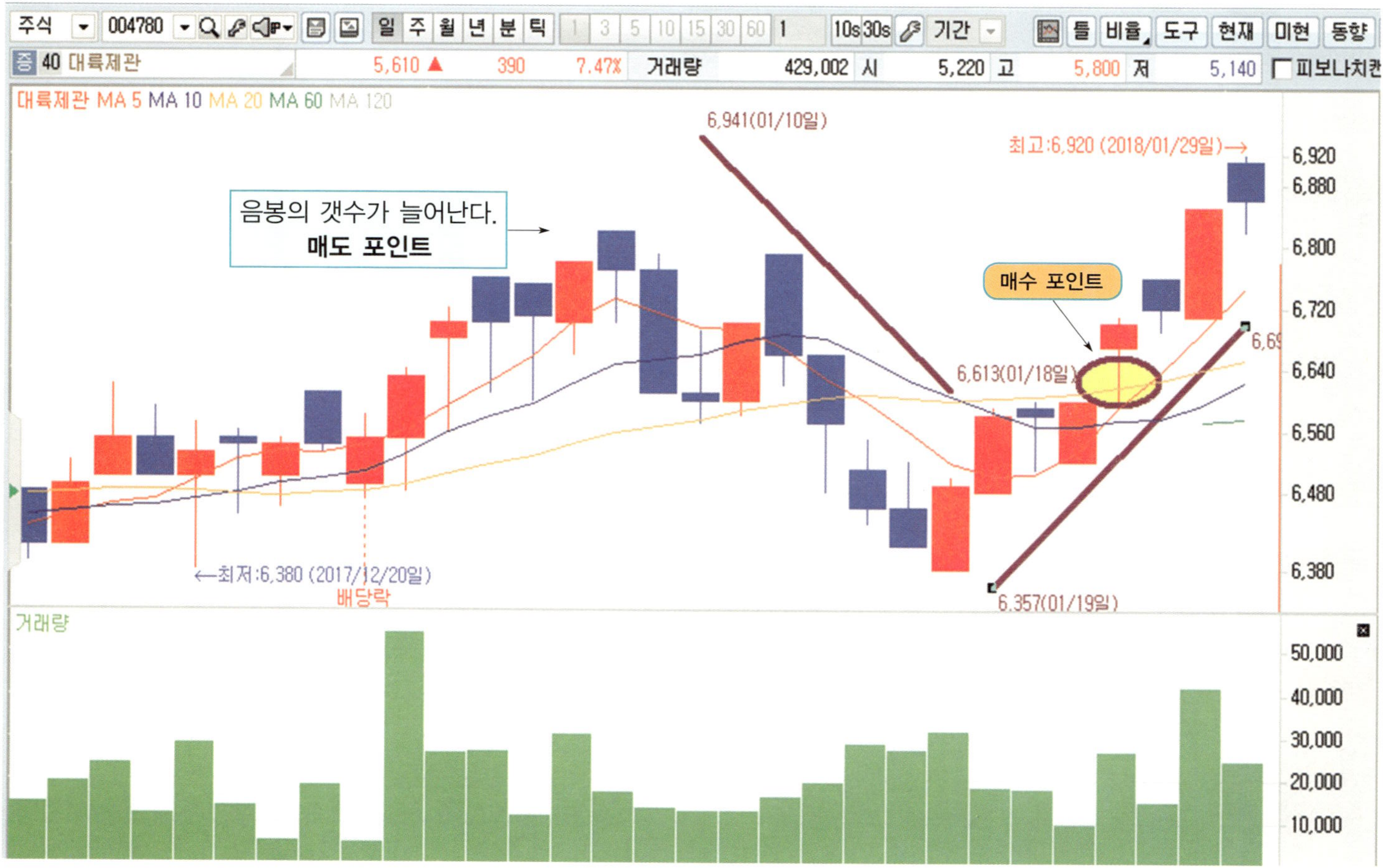

**차트 6 갭 상승 매매** 제룡전기 일봉

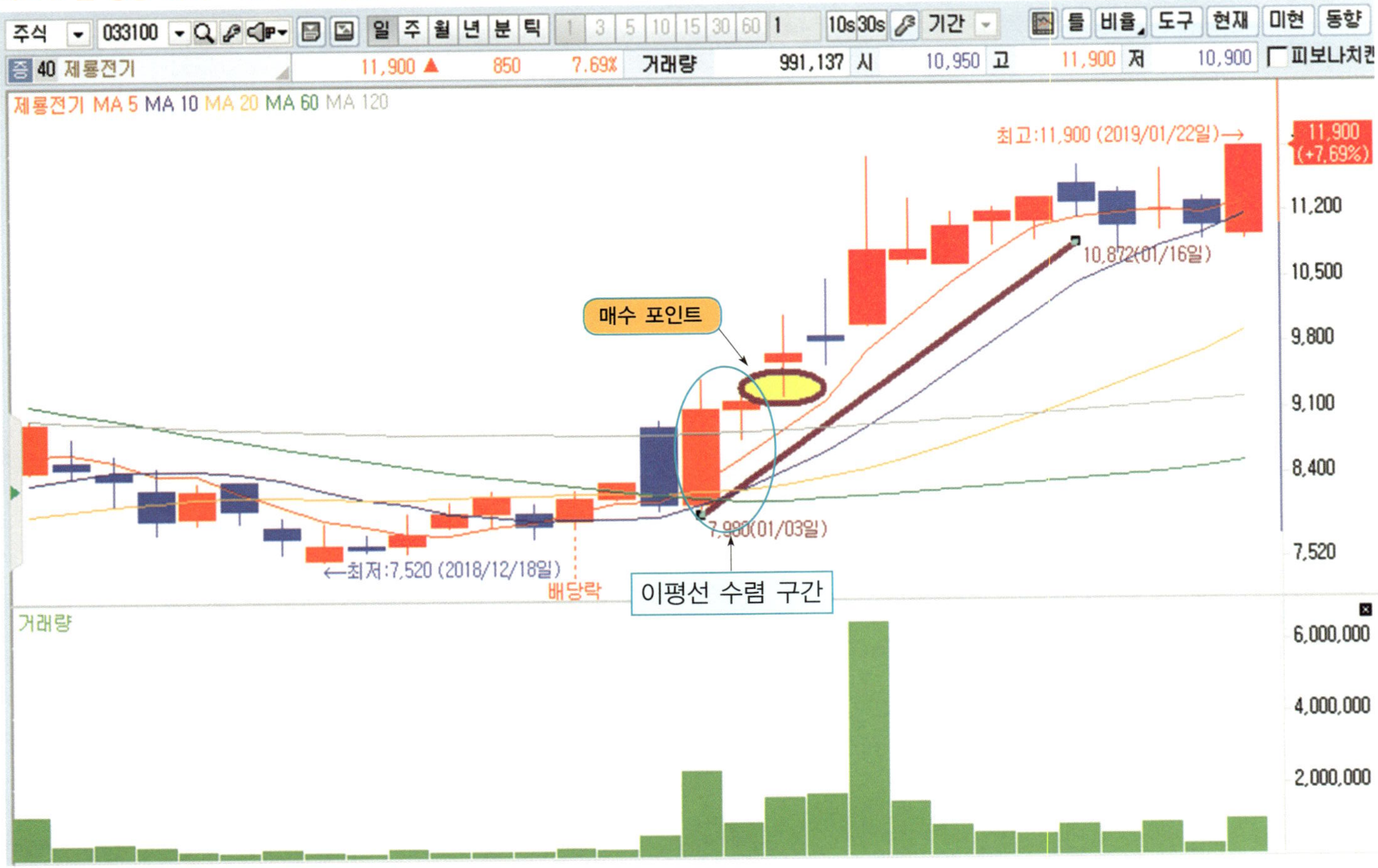

**차트 7 갭 상승 매매** 하림 일봉

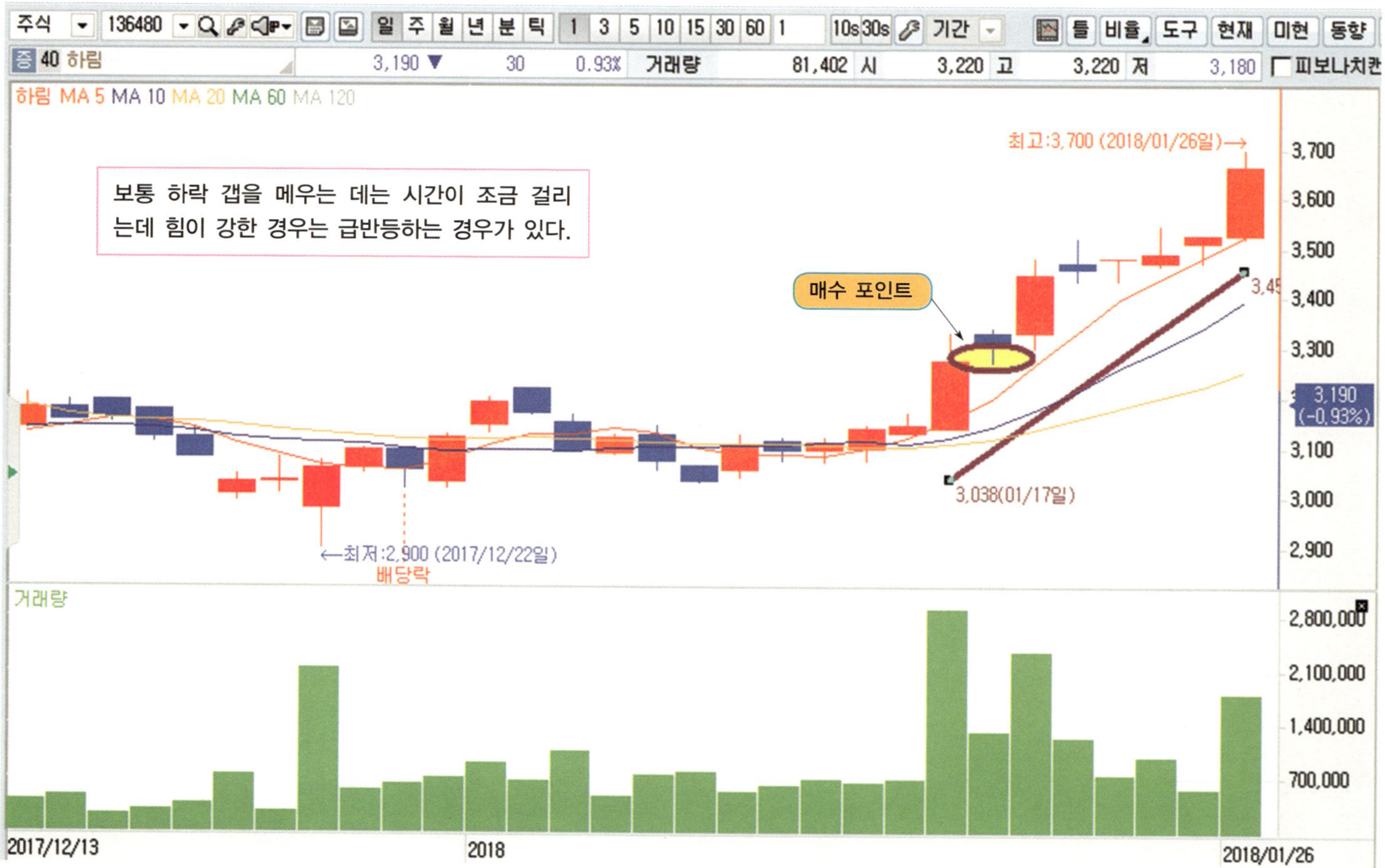

차트 8 갭 상승 매매 아난티 일봉

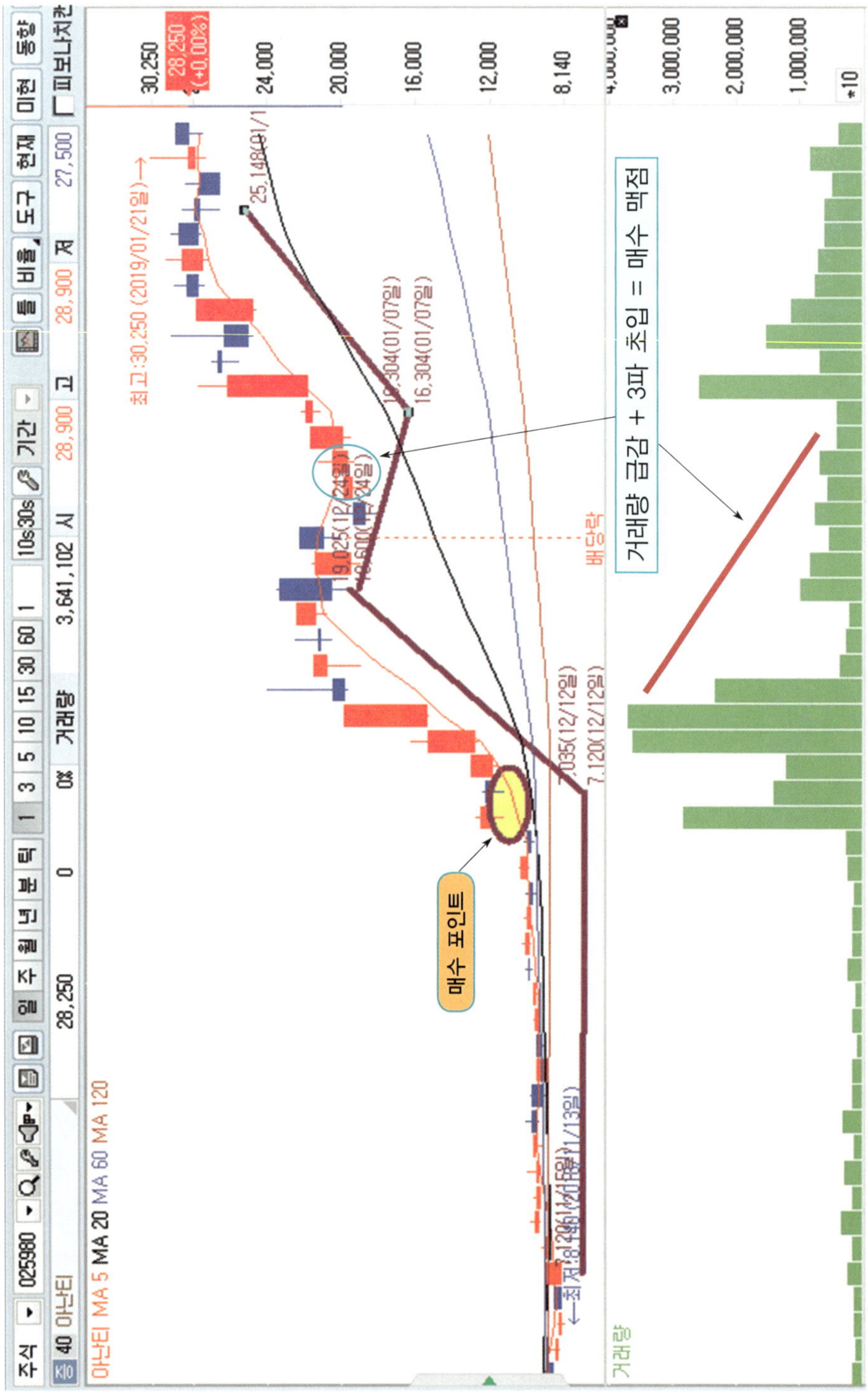

**차트 9 갭 상승 매매** 한일진공 일봉

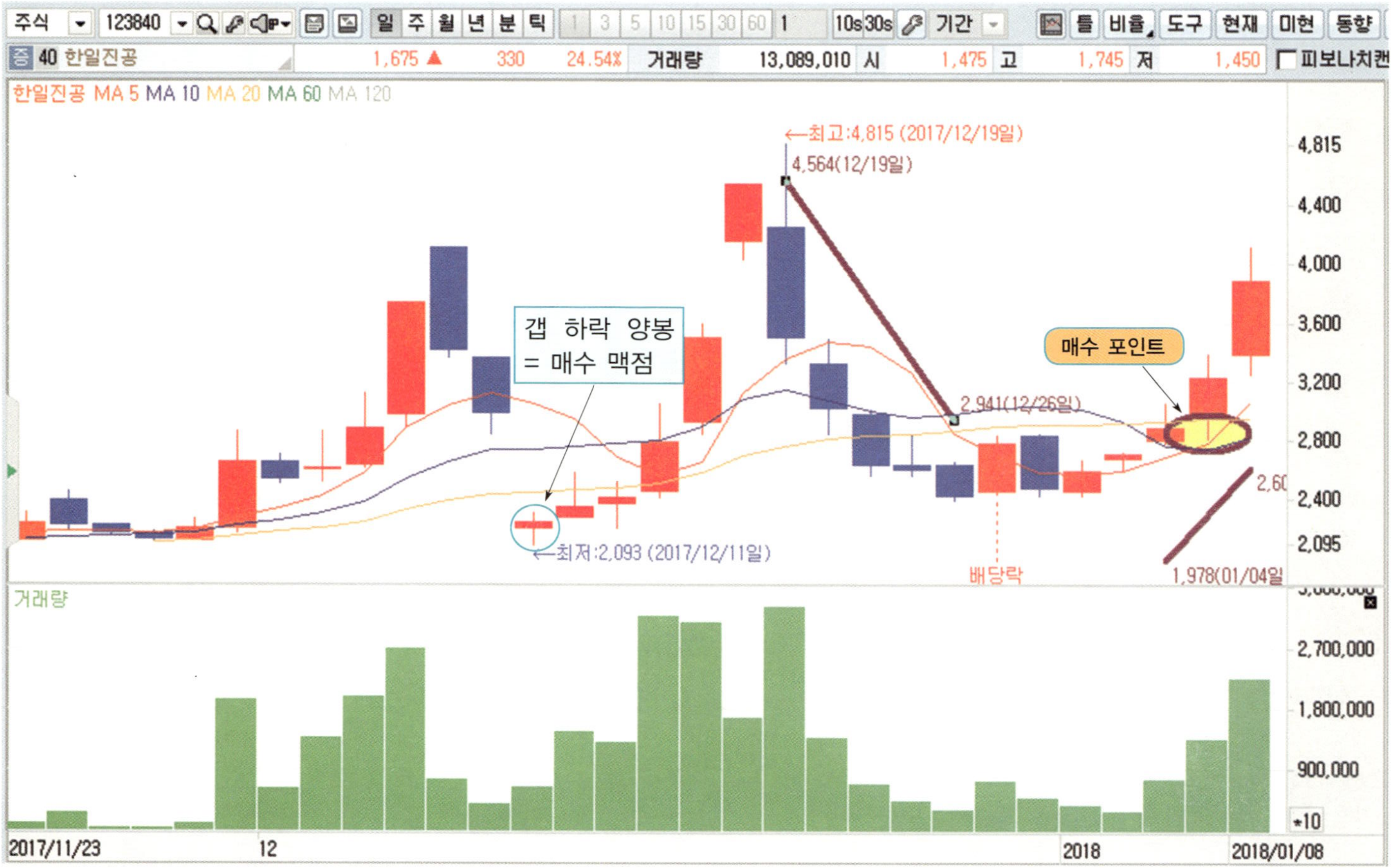

**차트 10 갭 상승 매매** 현대건설 일봉

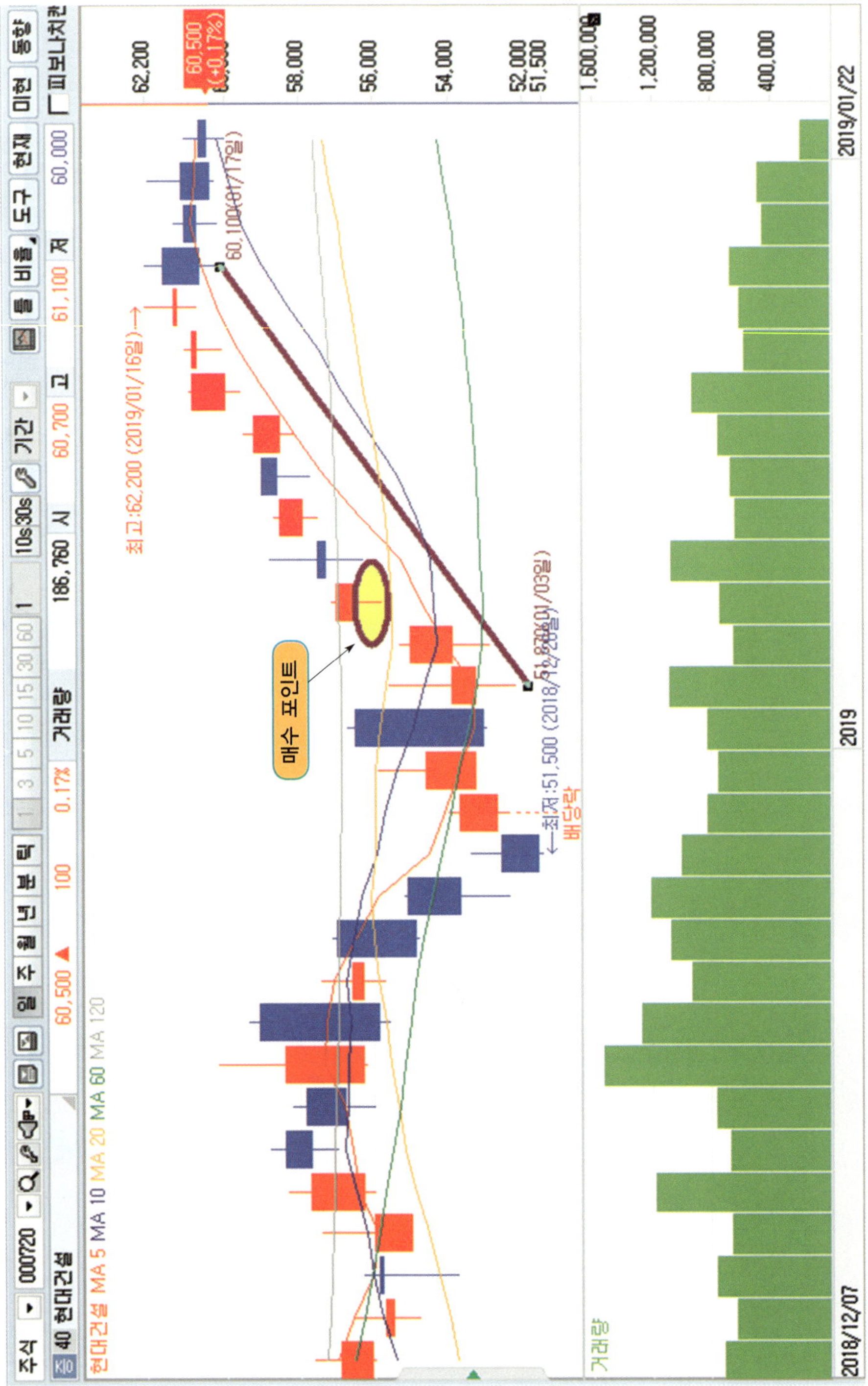

# 10
# 골든크로스 매매

**매수 맥점** : 골든크로스 첫 양봉 매수

골든크로스 단기 이동평균선인 5일 이동평균선이 20일 이동평균선을 돌파할 경우를 골든크로스 발생이라고 말할 수 있는데 주식이 상승하여 시세를 내기 위해서는 꼭 거쳐야 하는 길목이다.

예컨대 5일 이동평균선 위에 있는 주식이 3~5% 정도만 상승하게 되면 20일선 위에 주가가 안착할 수 있다. 이때는 거래량이 많이 발생하면서 골든크로스를 만들며 상승하는 경우가 대부분이기 때문에 10시 이전에 거래량이 많이 터지면 상승을 예상하고 저가에 매수해도 좋은 매수 방법이 되겠다.

다음 차트 1~10까지 디테일하게 분석해 보면 더욱 이해가 빠를 것이다.

**차트 1 골든크로스 매매** 경농 일봉

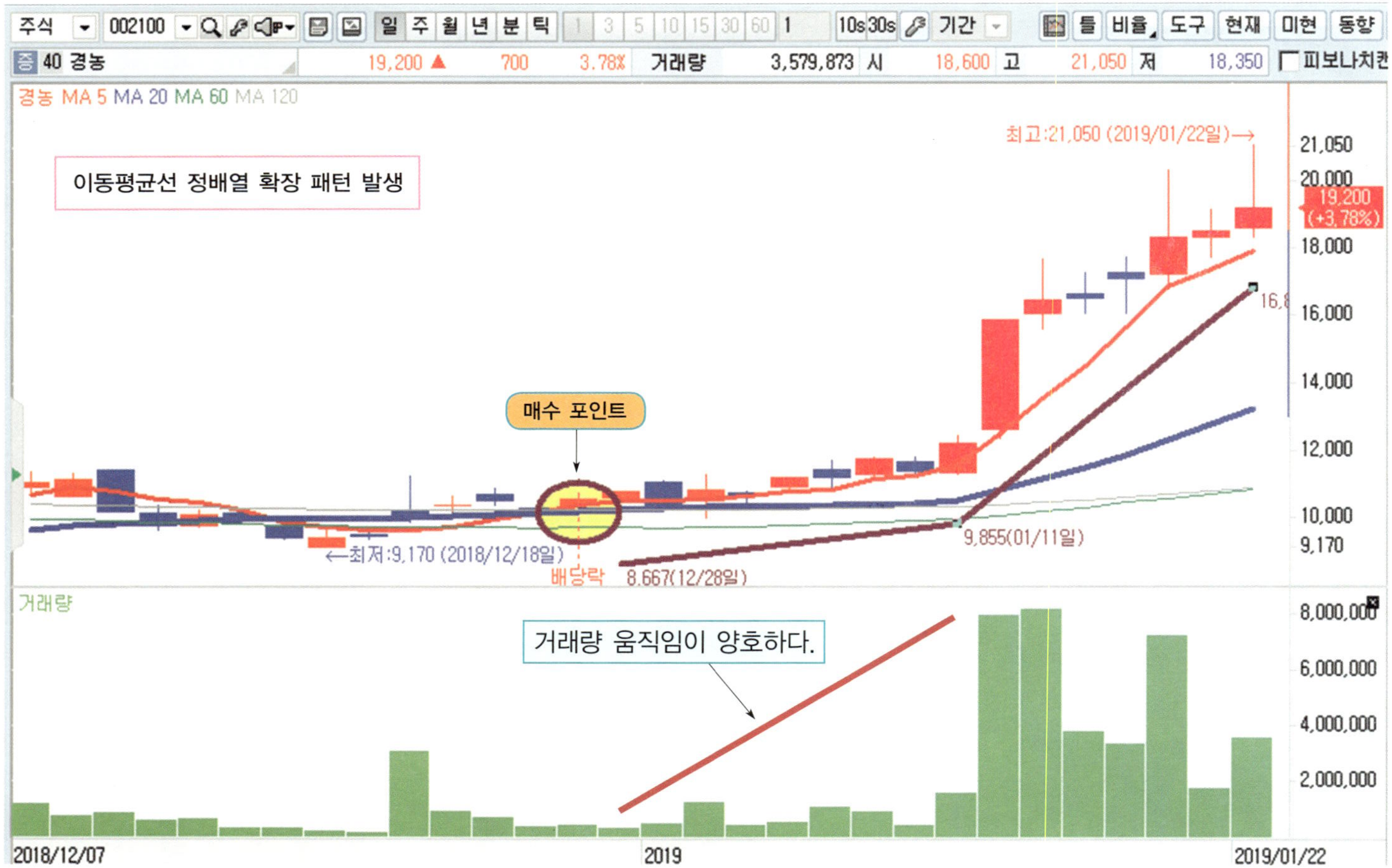

**차트 2 골든크로스 매매** 코센 일봉

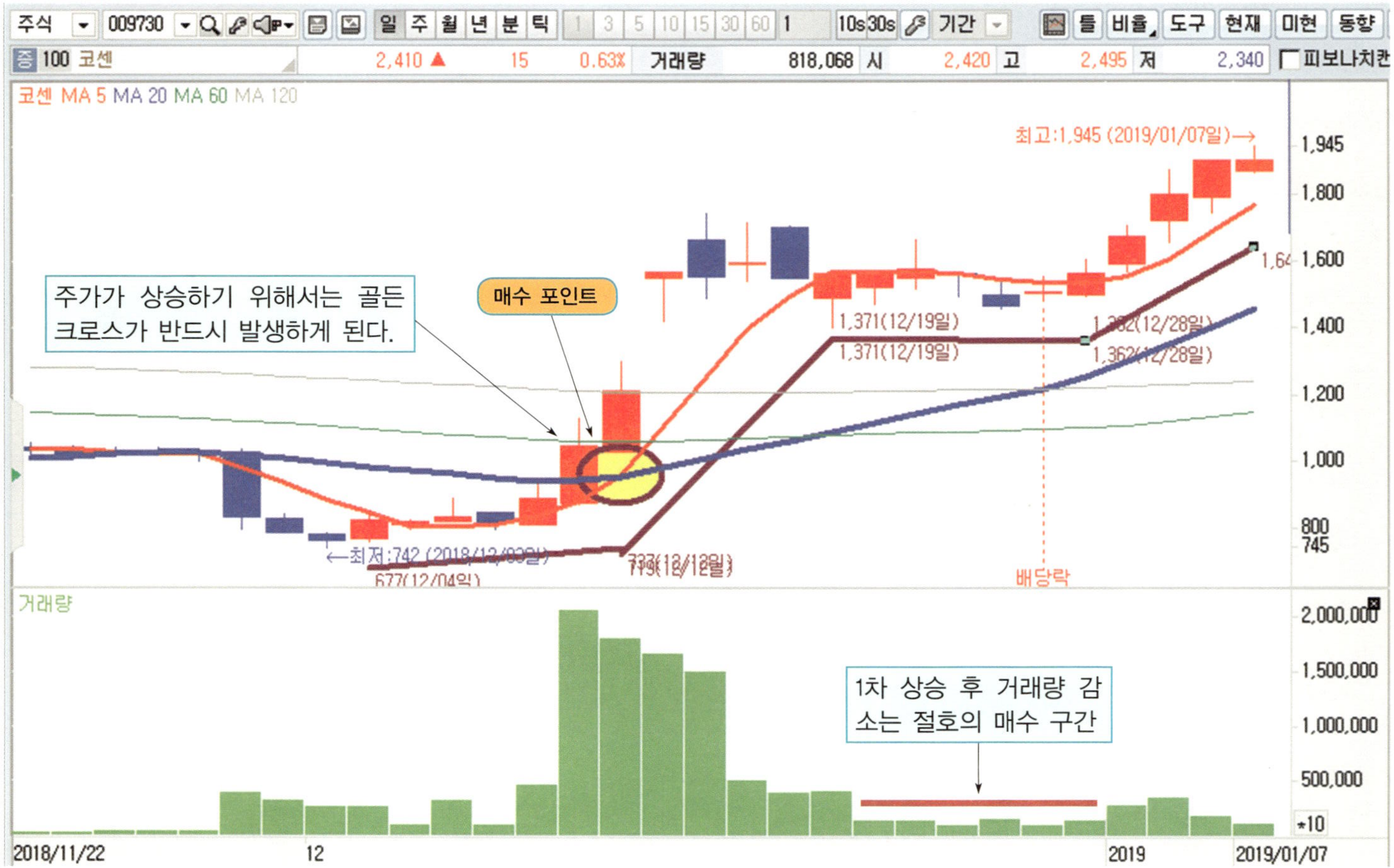

**차트 3 골든크로스 매매** 지엠비코리아 일봉

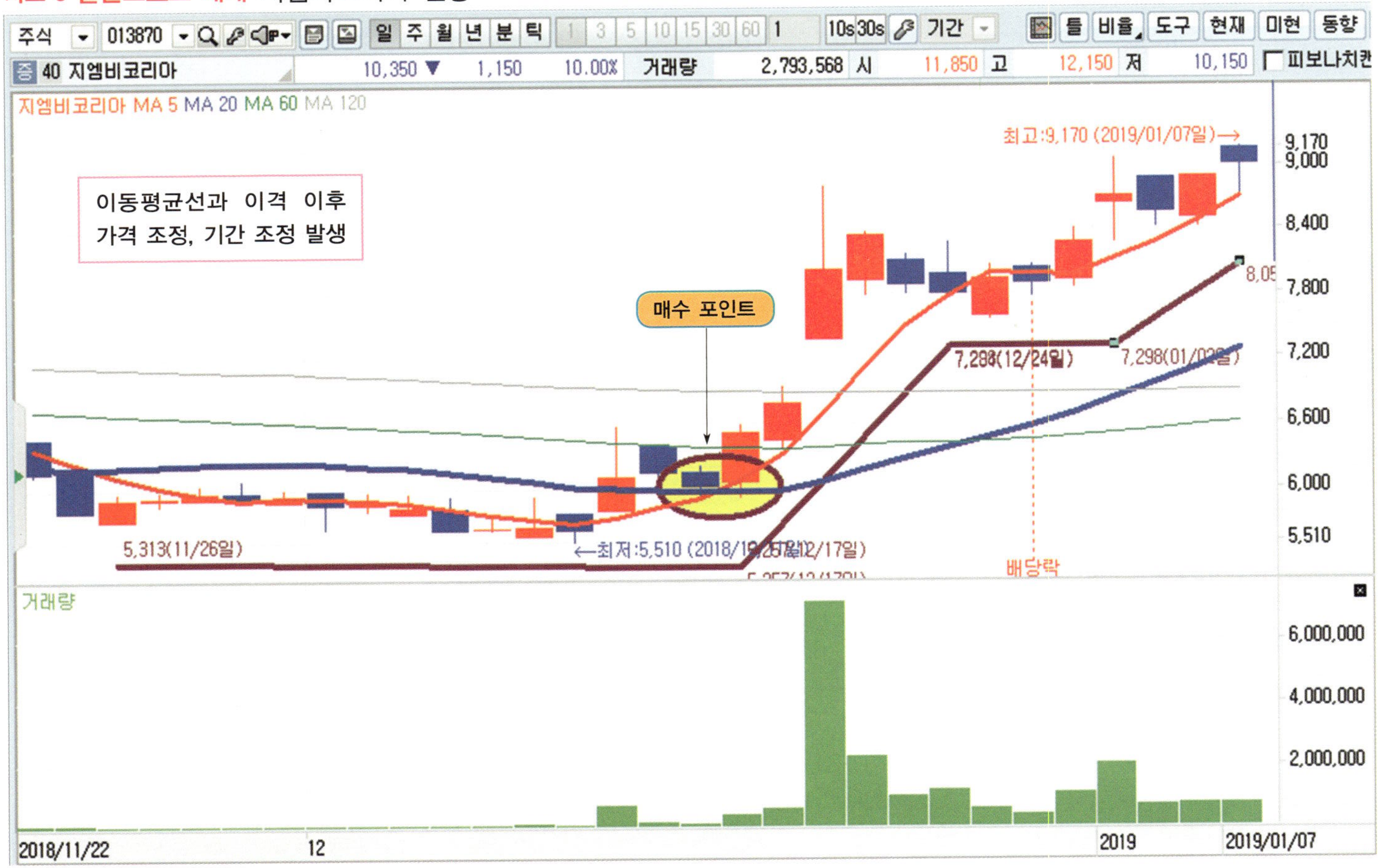

**차트 4 골든크로스 매매** 인디에프 일봉

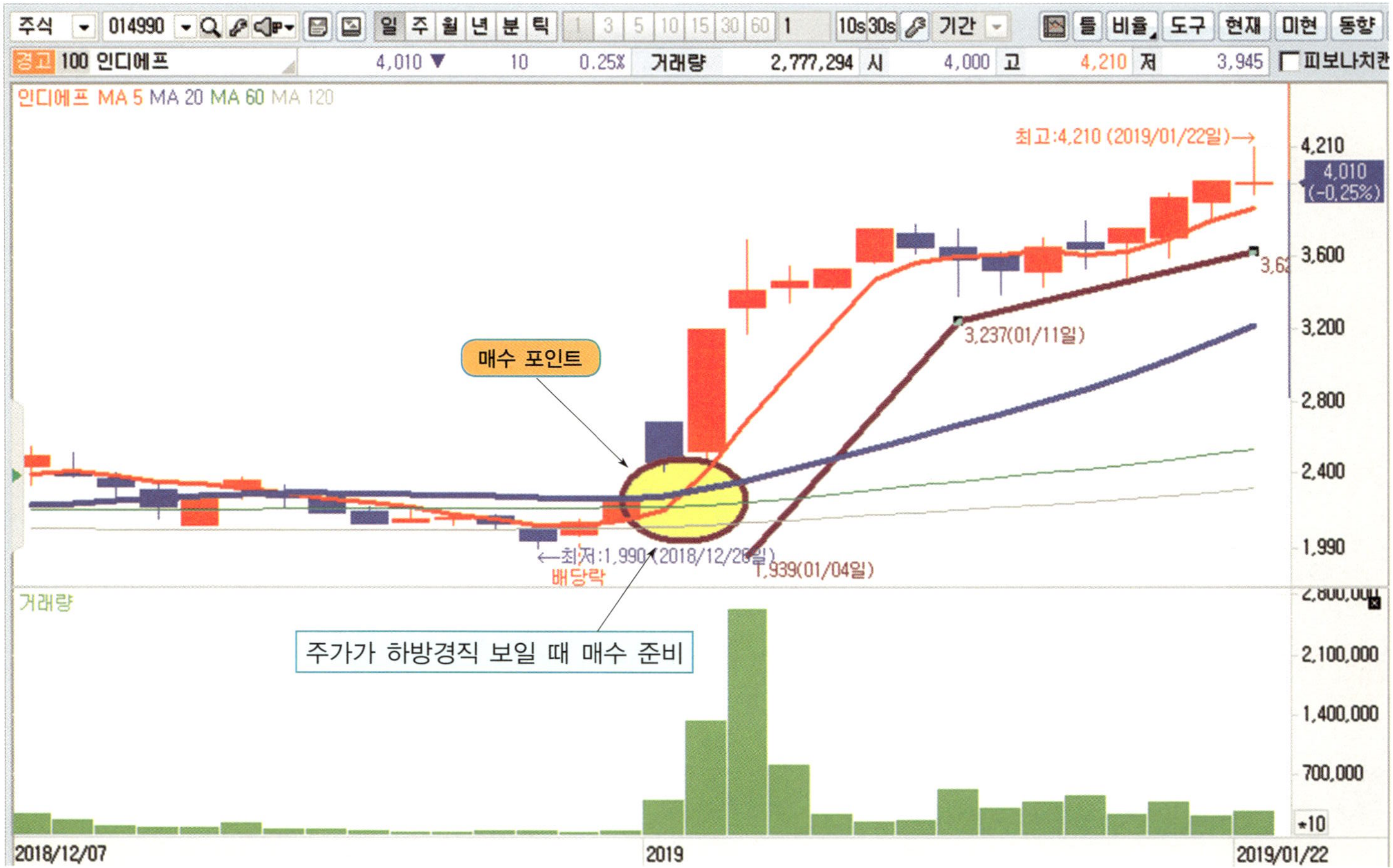

차트 5 골든크로스 매매 흥구석유 일봉

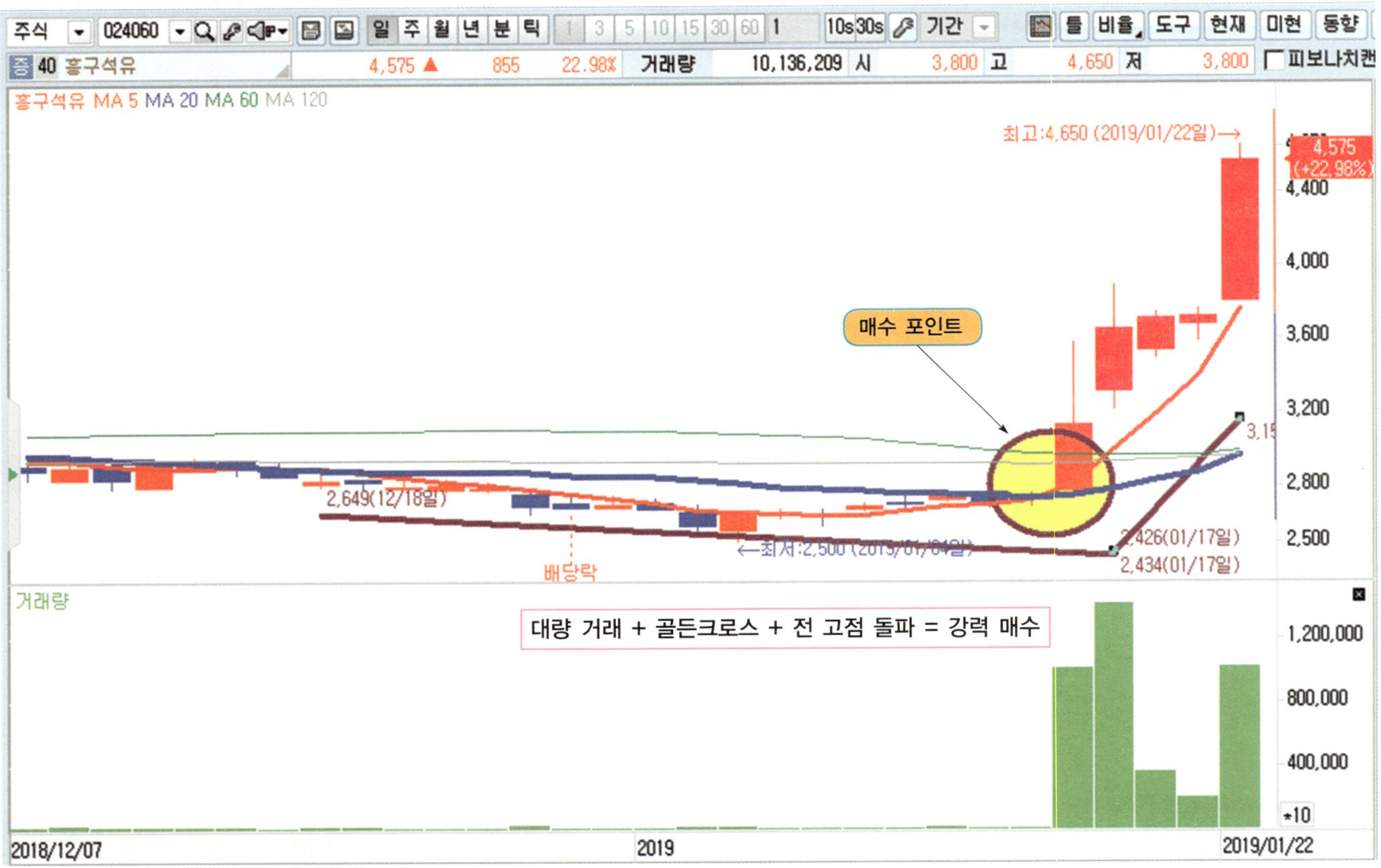

**차트 6 골든크로스 매매** 동아화성 일봉

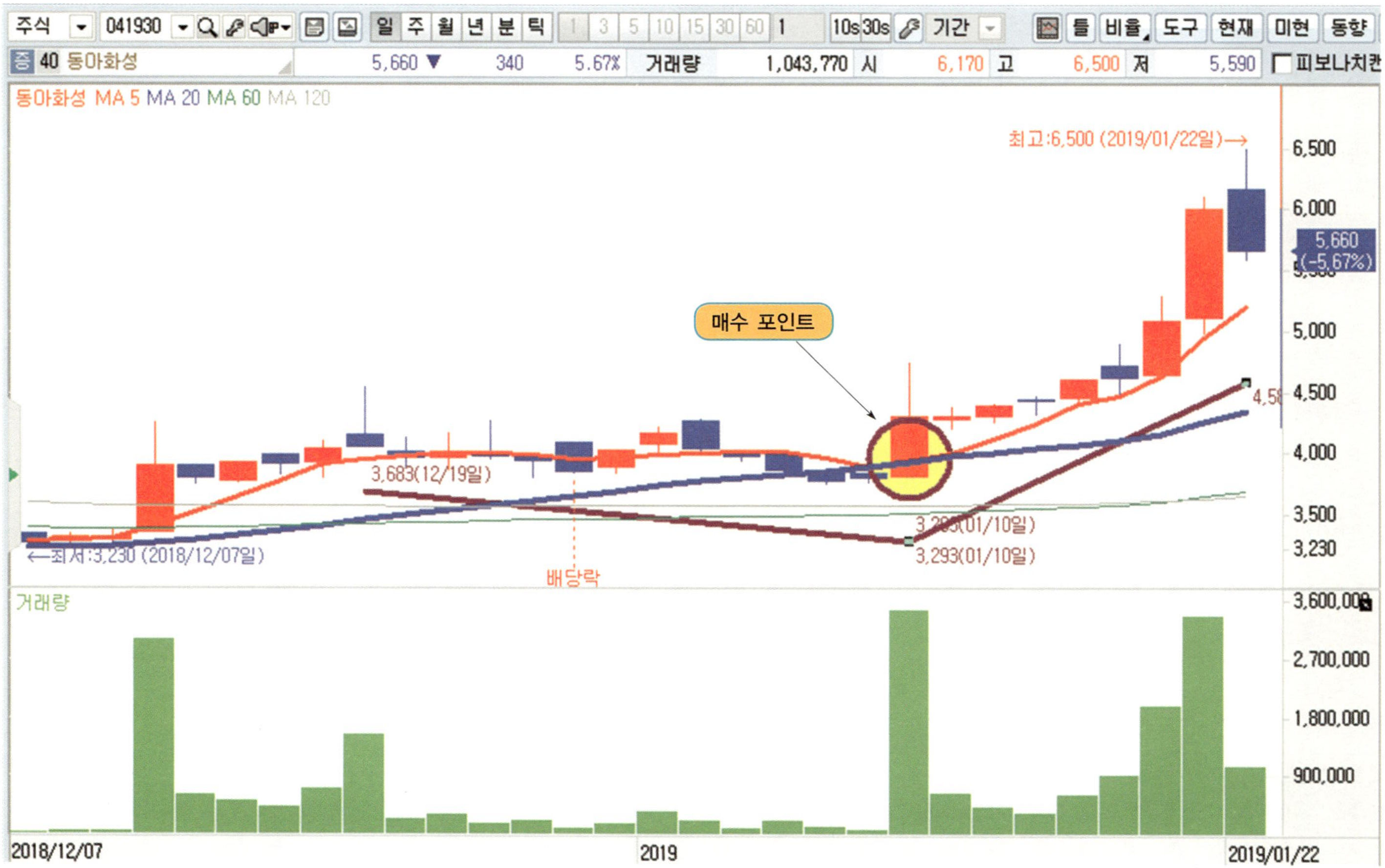

**차트 7 골든크로스 매매** 라이트론 일봉

**차트 8 골든크로스 매매** 에이스테크 일봉

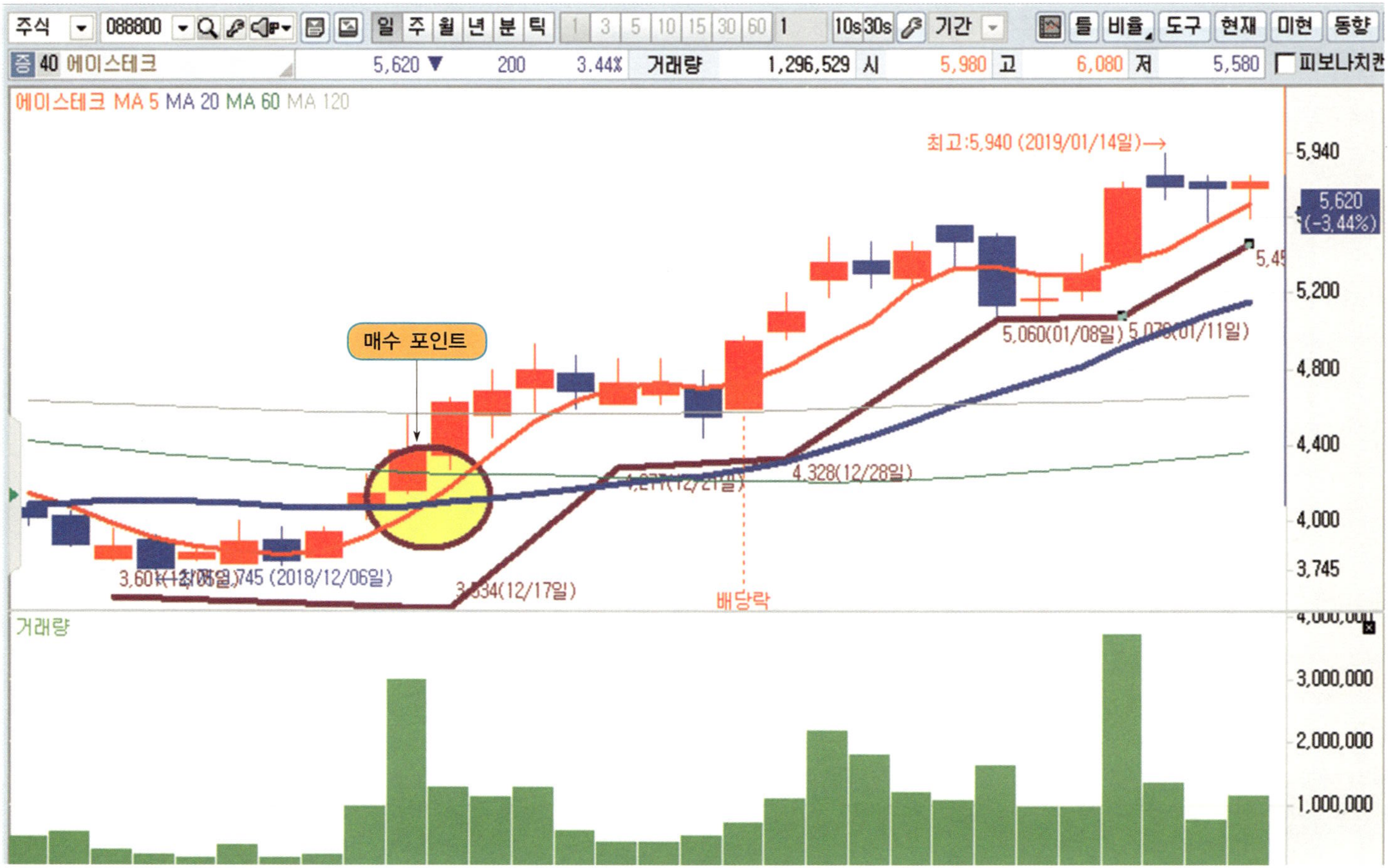

**차트 9 골든크로스 매매** 큐브엔터 일봉

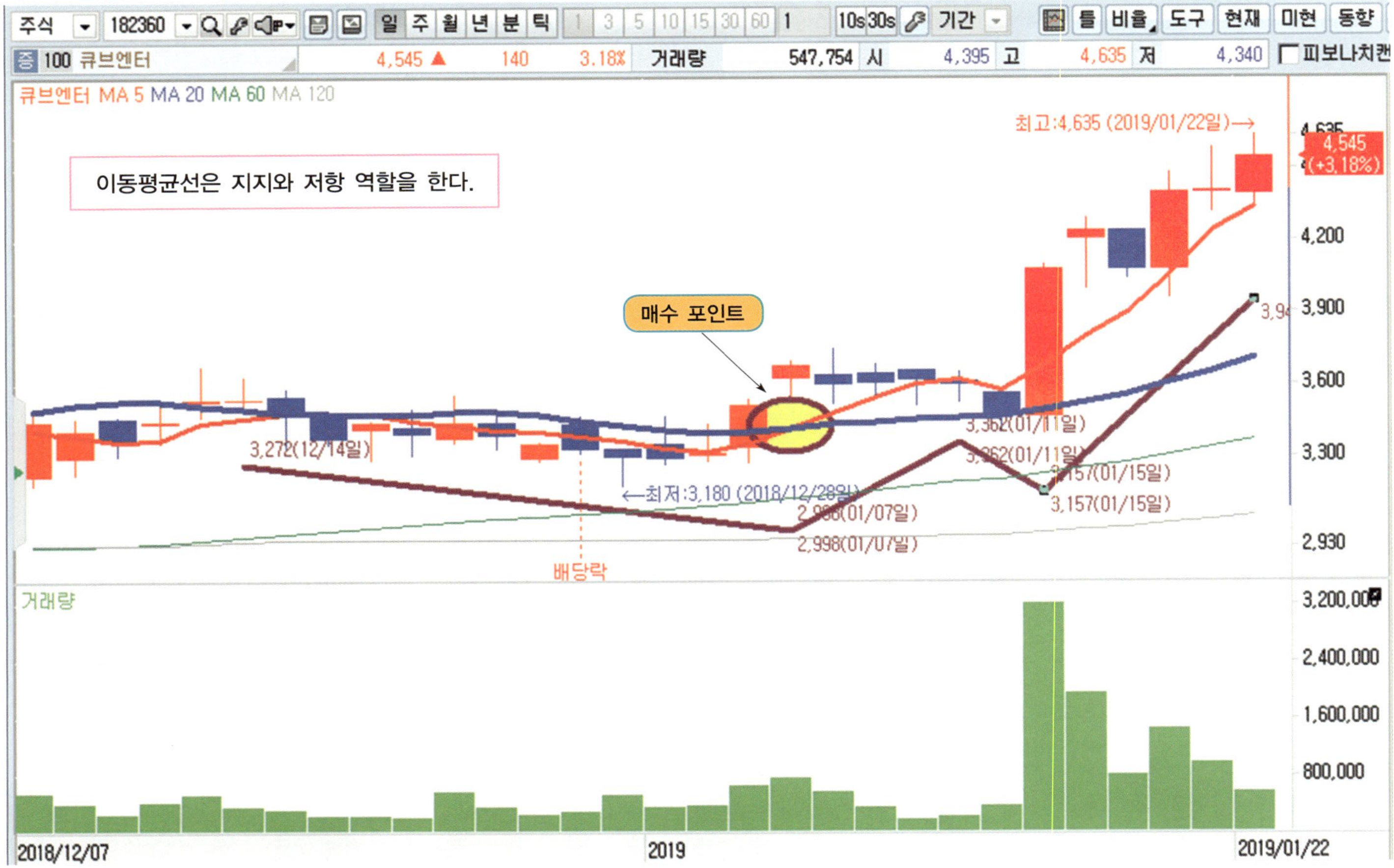

**차트 10 골든크로스 매매** 한일진공 일봉

## 11
# 60일선 매매

**매수 맥점** : 60일선 돌파양봉 매수

주식 이동평균선에서 60일선은 상당히 의미가 있다.

60일의 기간은 3개월인데 세력들의 주식 매집 기간도 약 3개월 정도인 경우가 많다.

물론 3개월보다 더 긴 기간 동안 장기적으로 세력들이 매집을 할 수도 있지만 만약 3개월 동안 매집을 꾸준히 했다고 하면 60일선이 세력들의 평균 매수 단가가 된다.

그런 연유로 주가가 60일선을 돌파하게 되면 급등하는 현상이 많이 발생하기도 한다.

다음 차트 1~10까지 정교하게 분석해 보면 더욱 이해가 빠를 것이다.

**차트 1 60일선 매매** 에스엔피월드 일봉

**차트 2 60일선 매매** 리켐 일봉

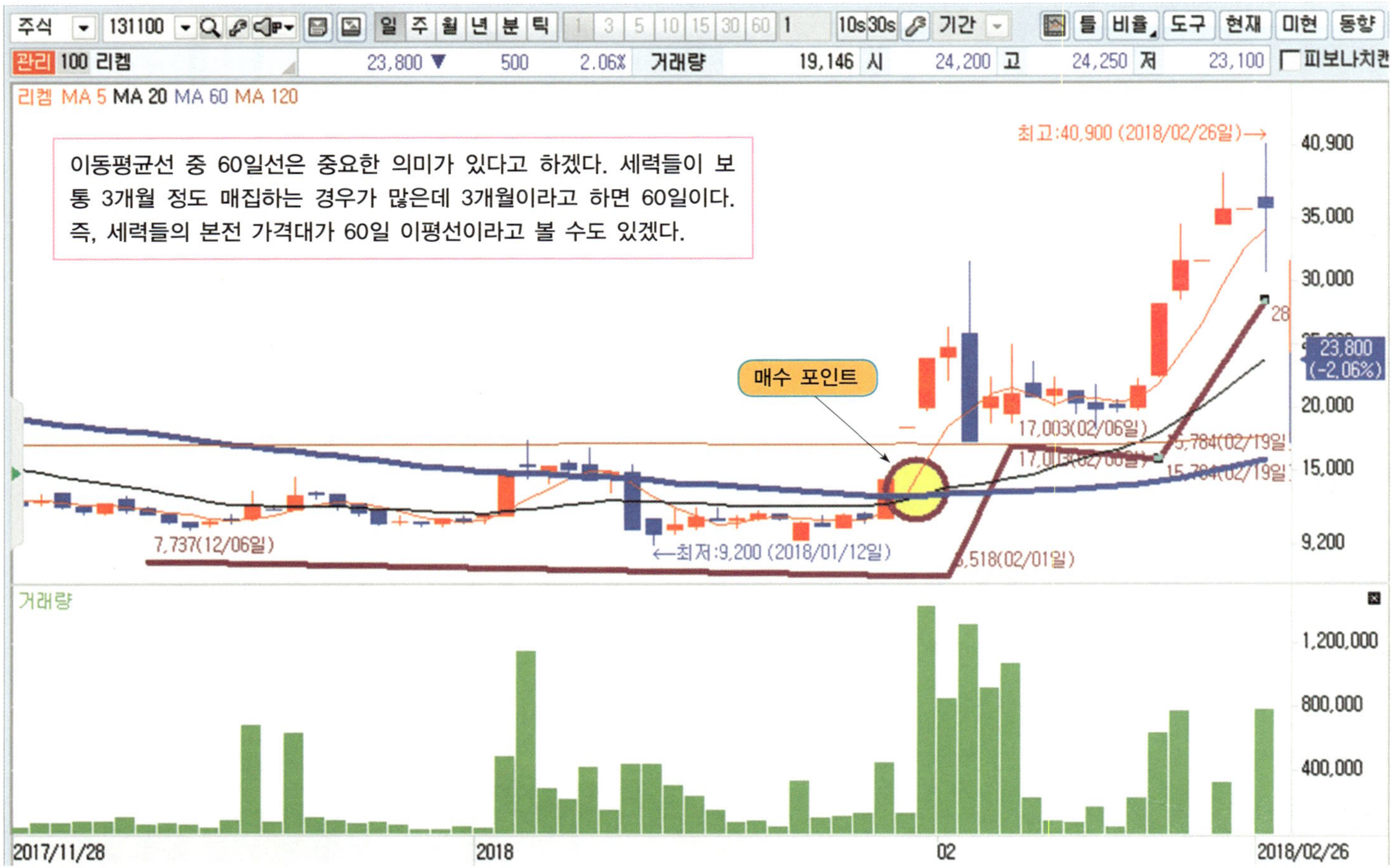

**차트 3 60일선 매매** 부산산업 일봉

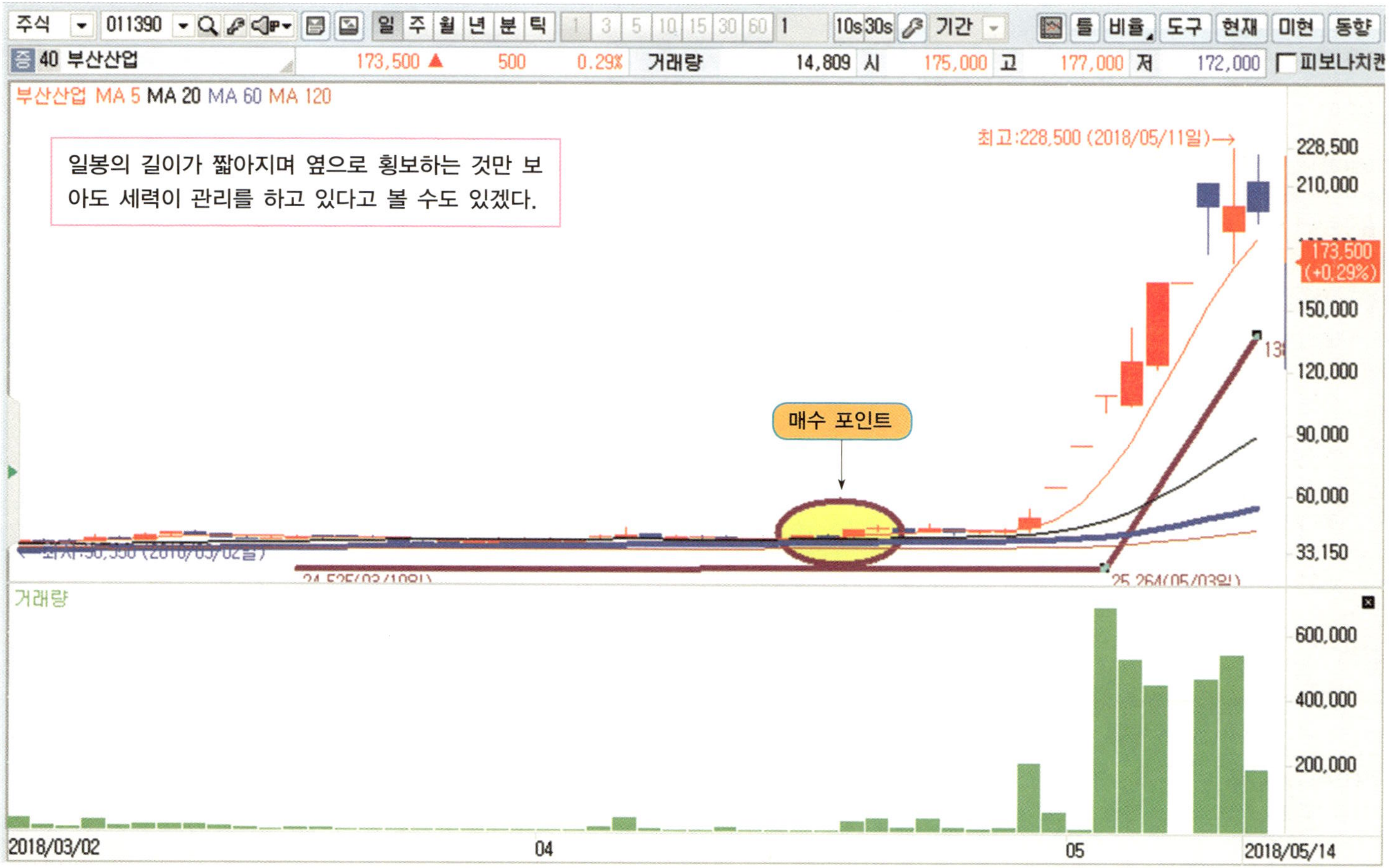

**차트 4 60일선 매매** 대아티아이 일봉

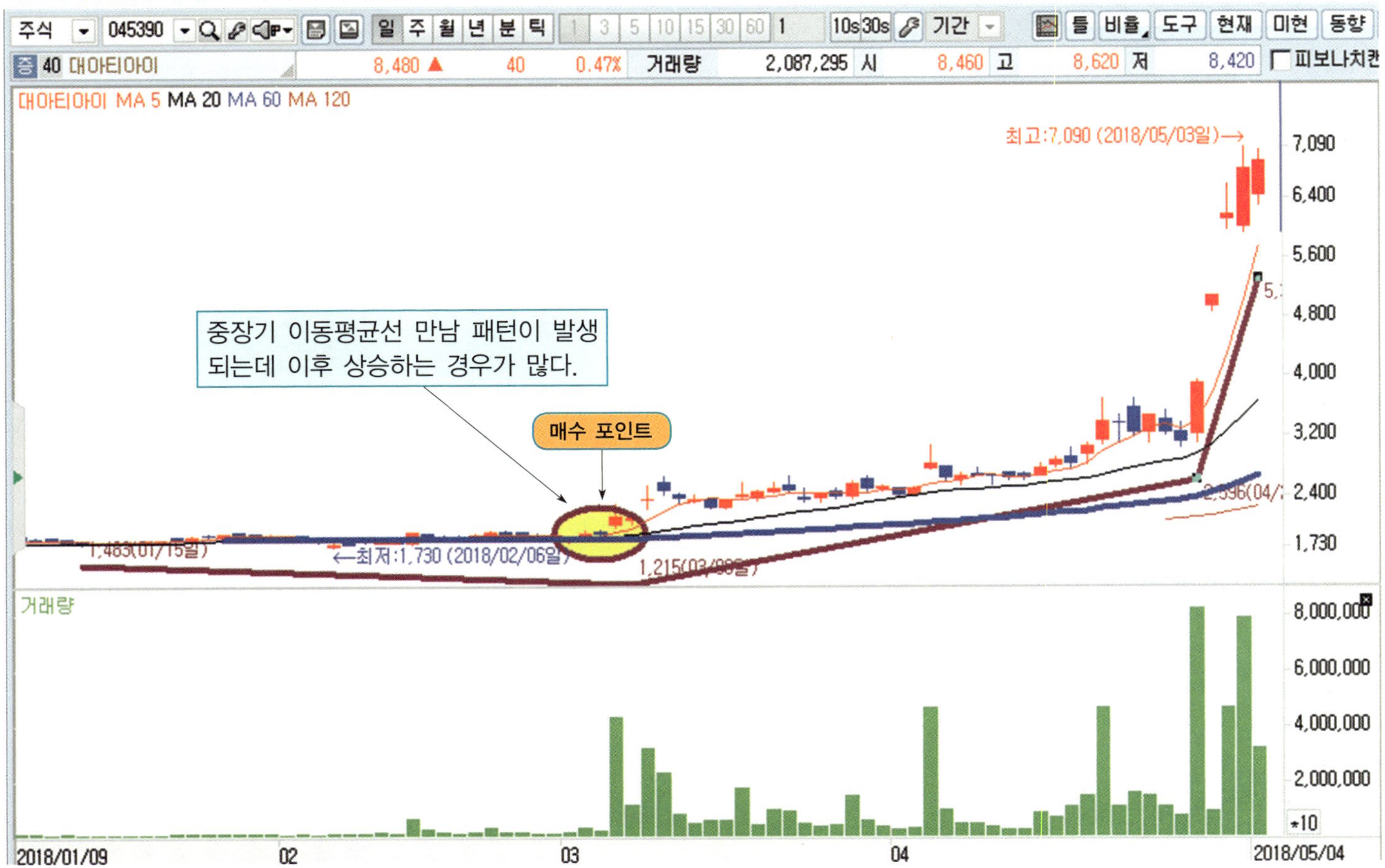

**차트 5 60일선 매매** 에스엔피월드 일봉

**차트 6 60일선 매매** 푸른기술 일봉

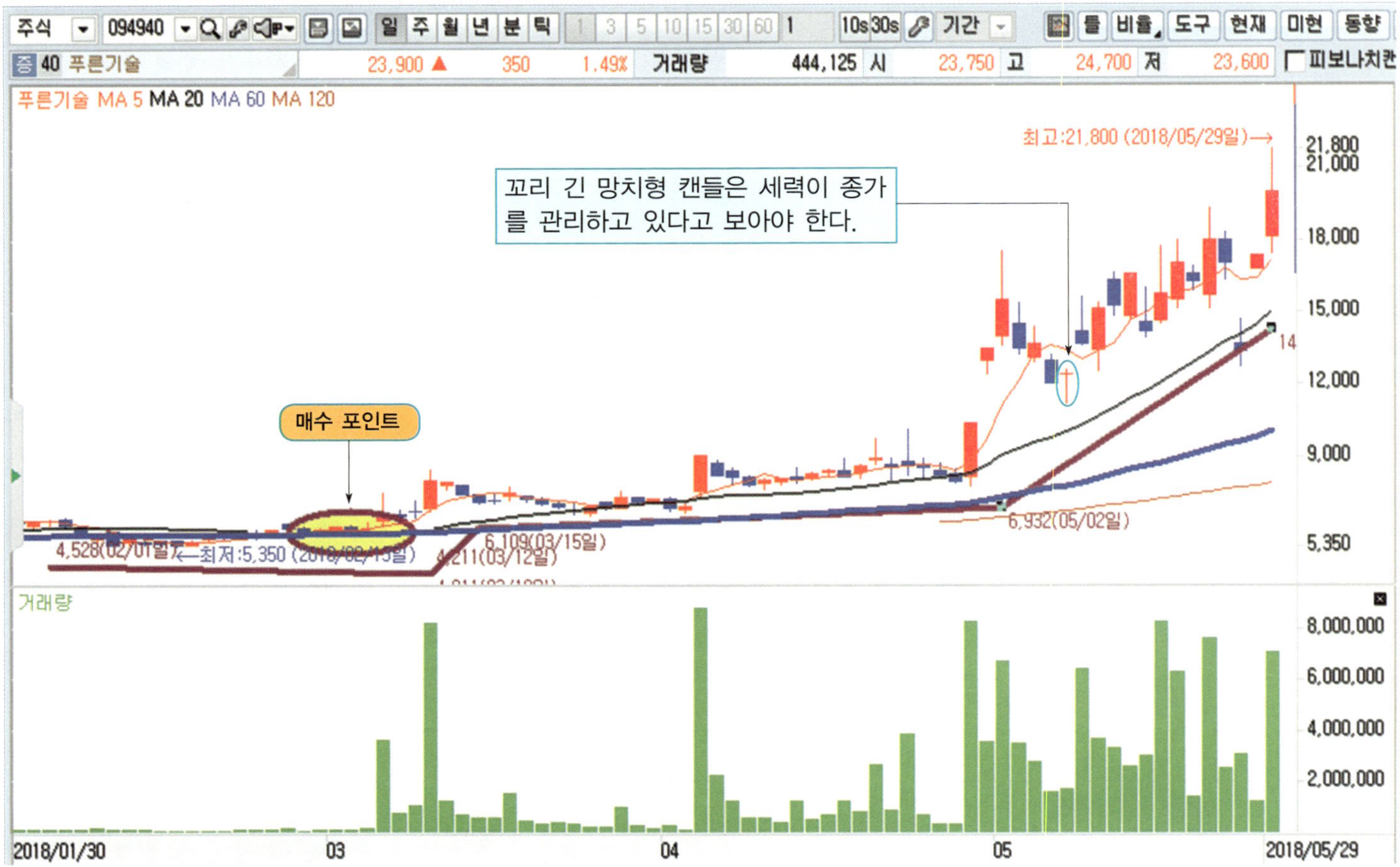

**차트 7 60일선 매매** 나노스 일봉

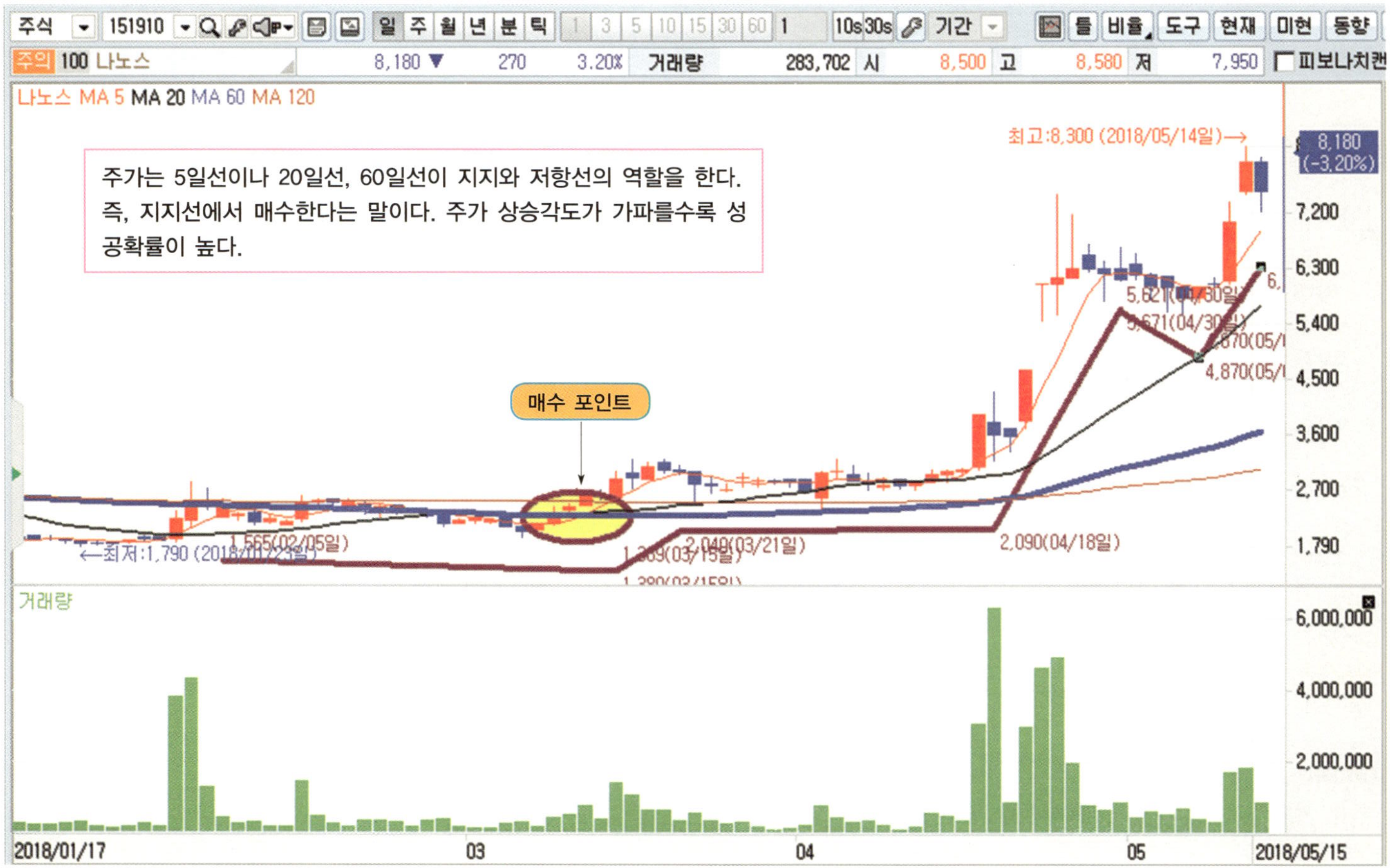

**차트 8 60일선 매매** 장원테크 일봉

**차트 9 60일선 매매** 넷게임즈 일봉

**차트 10 60일선 매매** 아난티 일봉

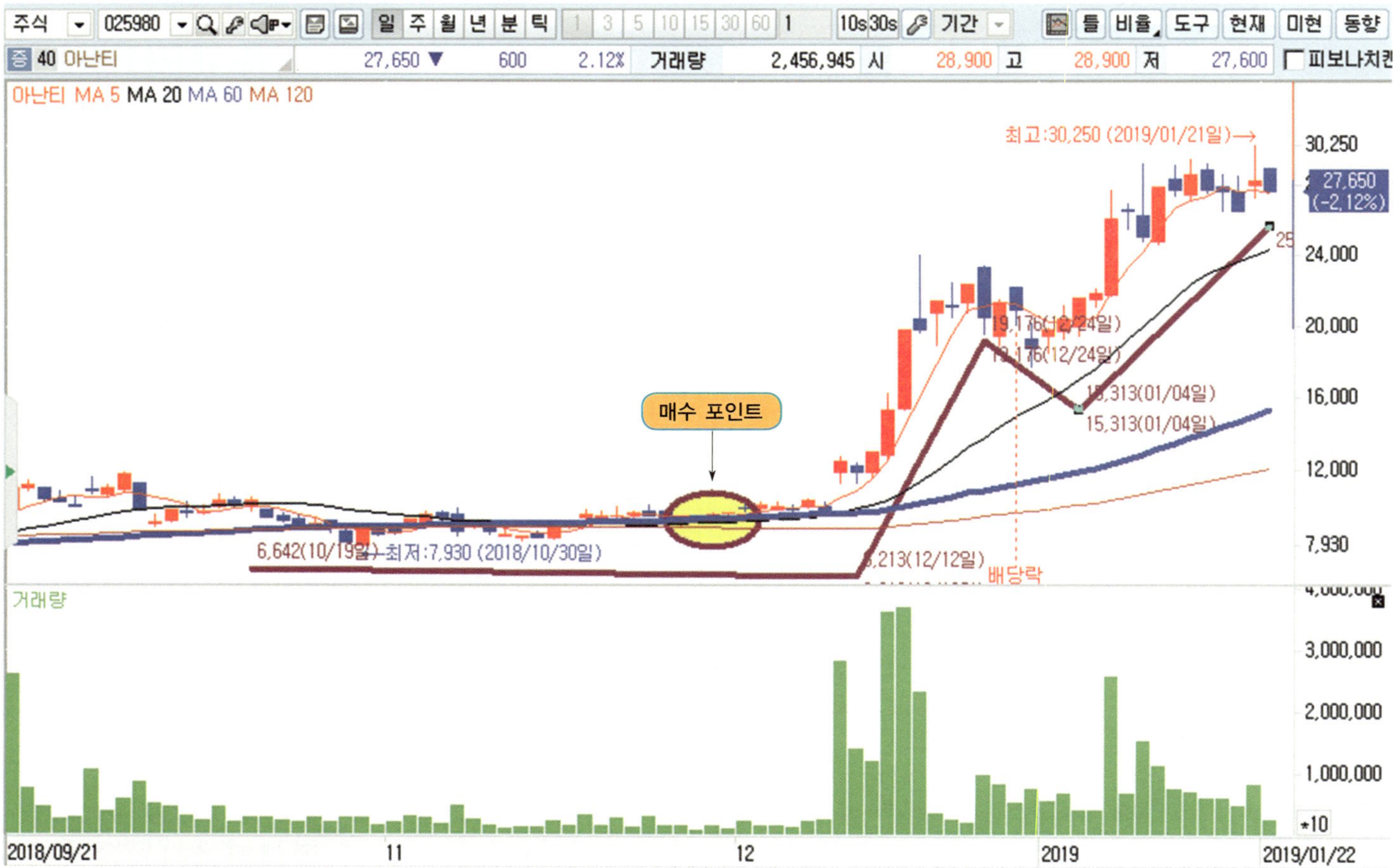

# 12
# 추세 전환 매매

**매수 맥점** : 하락 추세 돌파 첫 양봉 매수

주식 가격 하락으로 인해 하락 추세가 진행되다가 호실적으로 인해 하락 추세가 상승 추세로 추세 전환이 일어날 때 매수하는 매매기법이다.

다음 차트 1~10까지 정교하게 분석해 보면 더욱 이해가 빠를 것이다.

**차트 1 추세 전환 매매** 남선알미늄 일봉

**차트 2 추세 전환 매매** 경농 일봉

**차트 3 추세 전환 매매** 삼성전자 일봉

**차트 4 추세 전환 매매** SK하이닉스 일봉

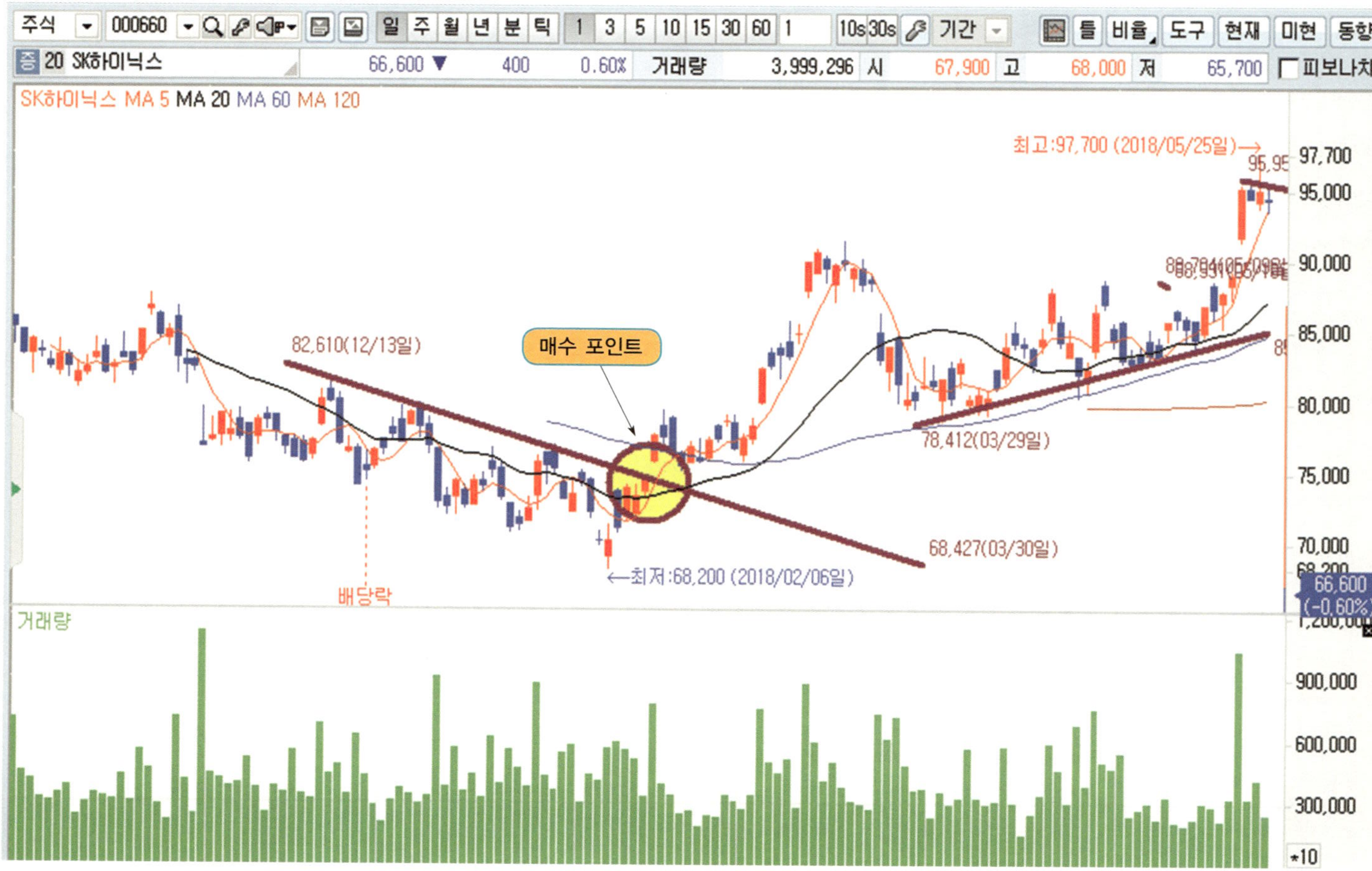

**차트 5 추세 전환 매매** 에스엔피월드 일봉

**차트 6 추세 전환 매매** 아난티 일봉

차트 7 추세 전환 매매 나노스 일봉

**차트 8 추세 전환 매매** 유신 일봉

**차트 9 추세 전환 매매** 넷게임즈 일봉

**차트 10 추세 전환 매매** 삼륭물산 일봉

13

# 추세 매매

**매수 맥점** : 3파 매수

추세 매매는 주가의 흐름이 저점을 높혀가며 상승 추세일 때 매수를 하는 기법인데 저점이 높아지면 상승 추세, 고점이 낮아지면 하락 추세라고 볼 수 있다.

주가는 대세 흐름이 상승 쪽이든 하락 쪽이든 결정되면 관성의 법칙에 따라 그 정해진 방향으로 계속 나아가려는 성질이 있다.

그 대세 경향에 따라서 파도를 타듯이 매매를 하는 기법이다.

다음 차트 1~10까지 정교하게 분석해 보면 더욱 이해가 빠를 것이다.

**차트 1 추세 매매** 기아차 60분봉

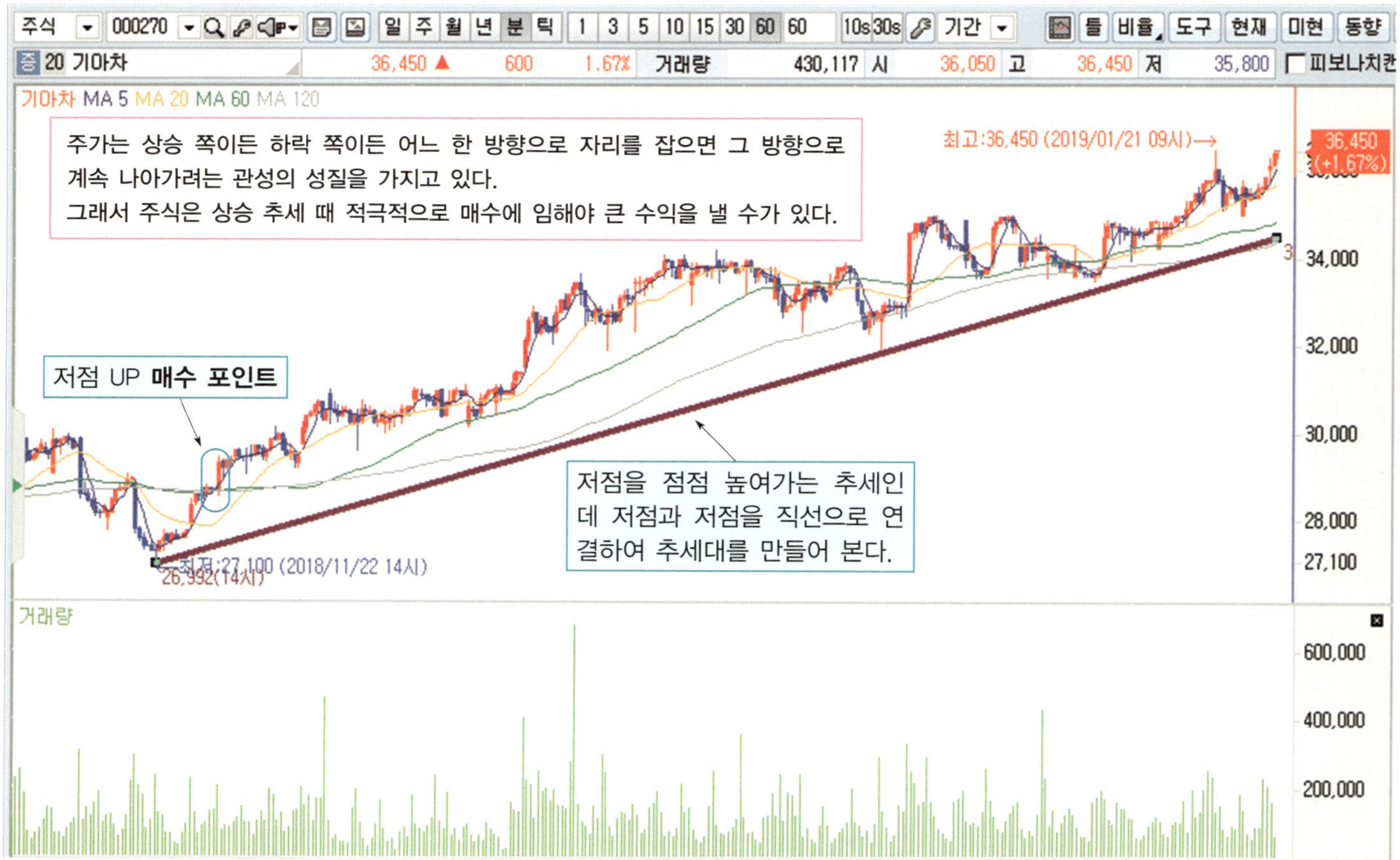

**차트 2 추세 매매** 태경화학 60분봉

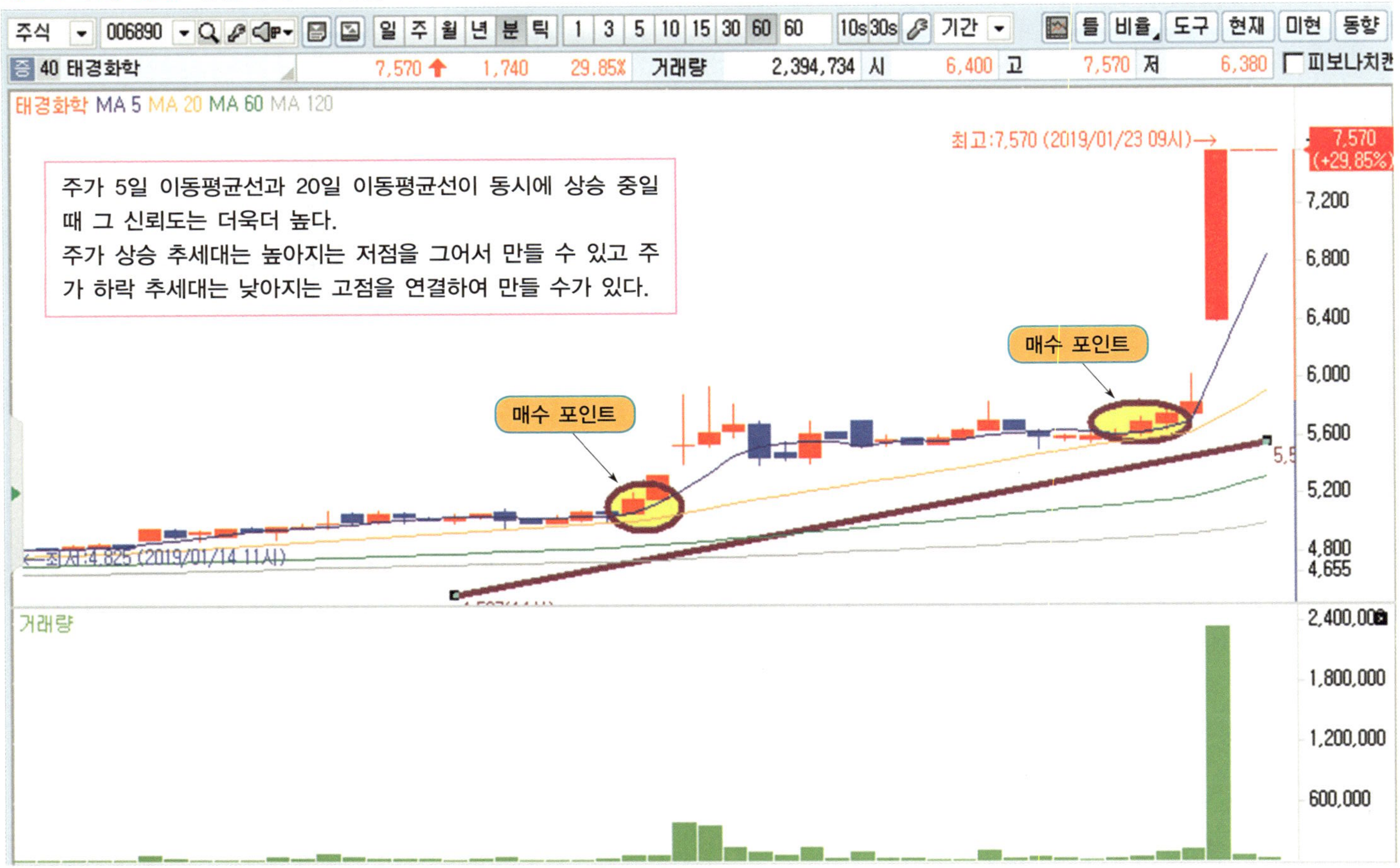

**차트 3 추세 매매** 인탑스 60분봉

**차트 4 추세 매매** 이랜텍 60분봉

**차트 5 추세 매매** 디지털대성 60분봉

**차트 6 추세 매매** 세원 60분봉

**차트 7 추세 매매** 포스코엠텍 60분봉

**차트 8 추세 매매** 나노신소재 60분봉

차트 9 추세 매매 로체시스템즈 60분봉

**차트 10 추세 매매** 위닉스 60분봉

14

# 3일선 매매

**매수 맥점** : 3일선 터치 매수

주식시장에서 가장 강한 급등주는 종가 기준으로 3일선을 이탈하지 않고 지키는 경향이 강하다. 3일선 키스 구간에서 매수하는 기법이다.

다음 차트 1~10까지 자세히 분석해 보면 더욱 이해가 빠를 것이다.

**차트 1 3일선 매매** 태경화학 일봉

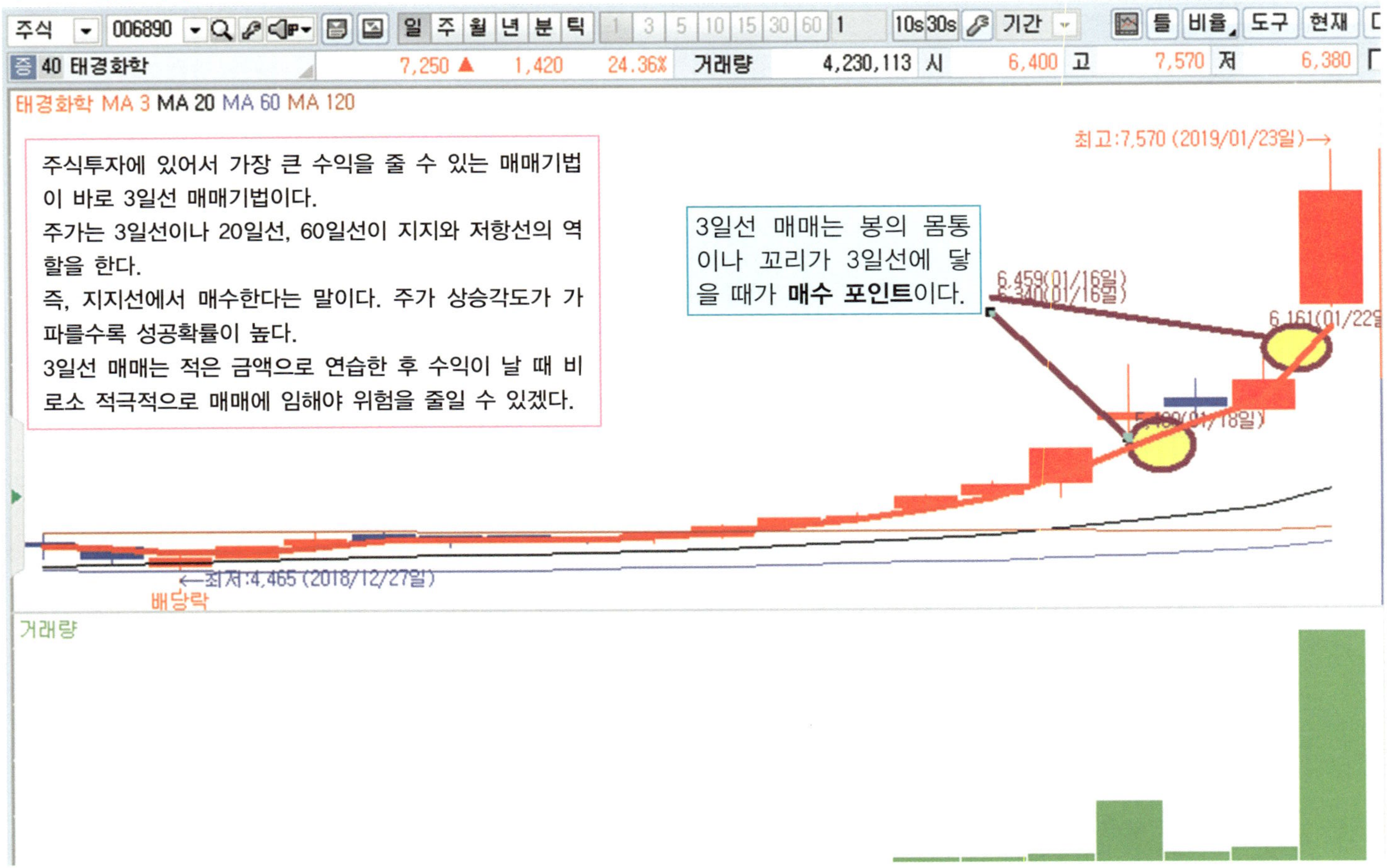

**차트 2 3일선 매매** 넥슨지티 일봉

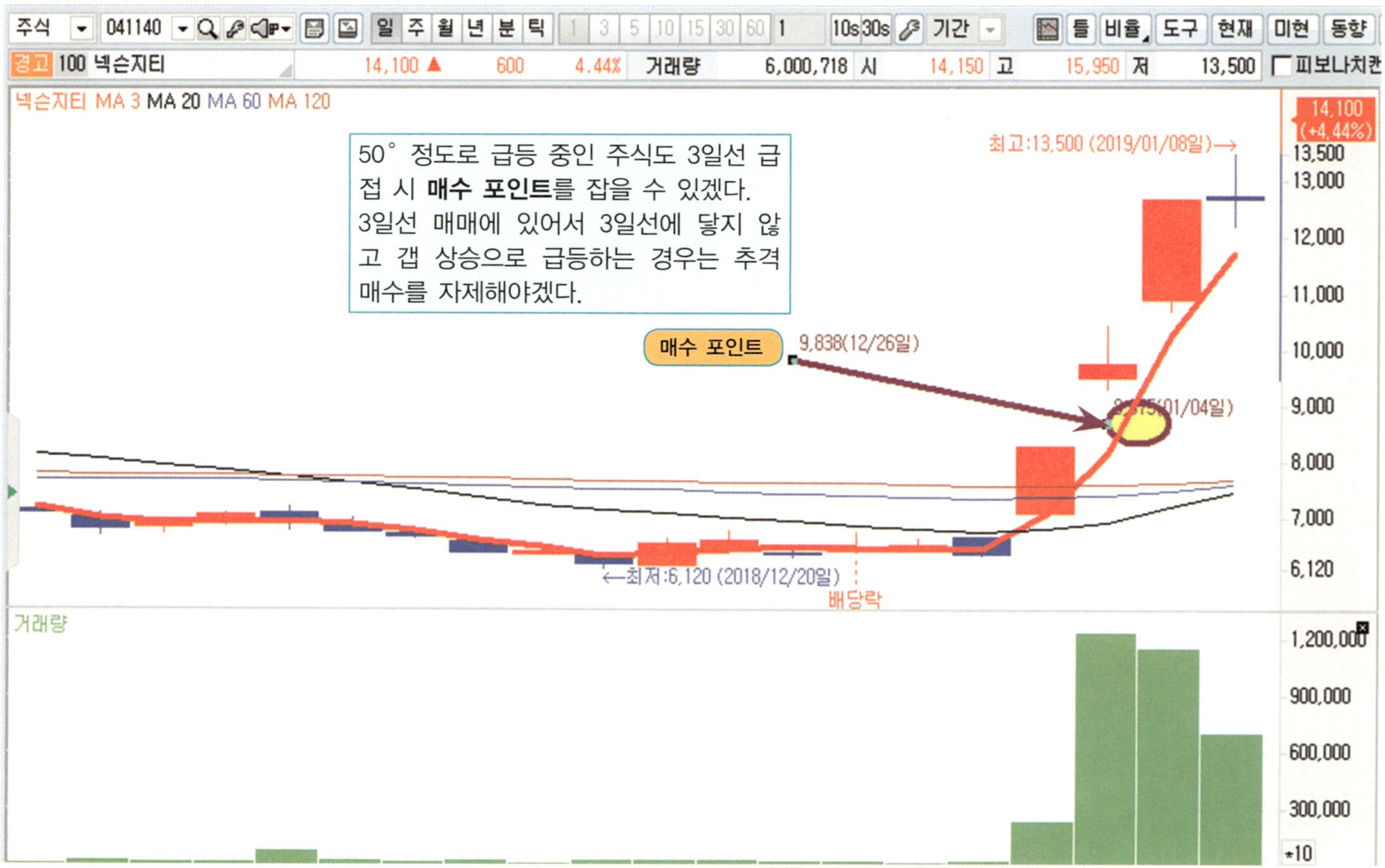

**차트 3 3일선 매매** 이랜텍 일봉

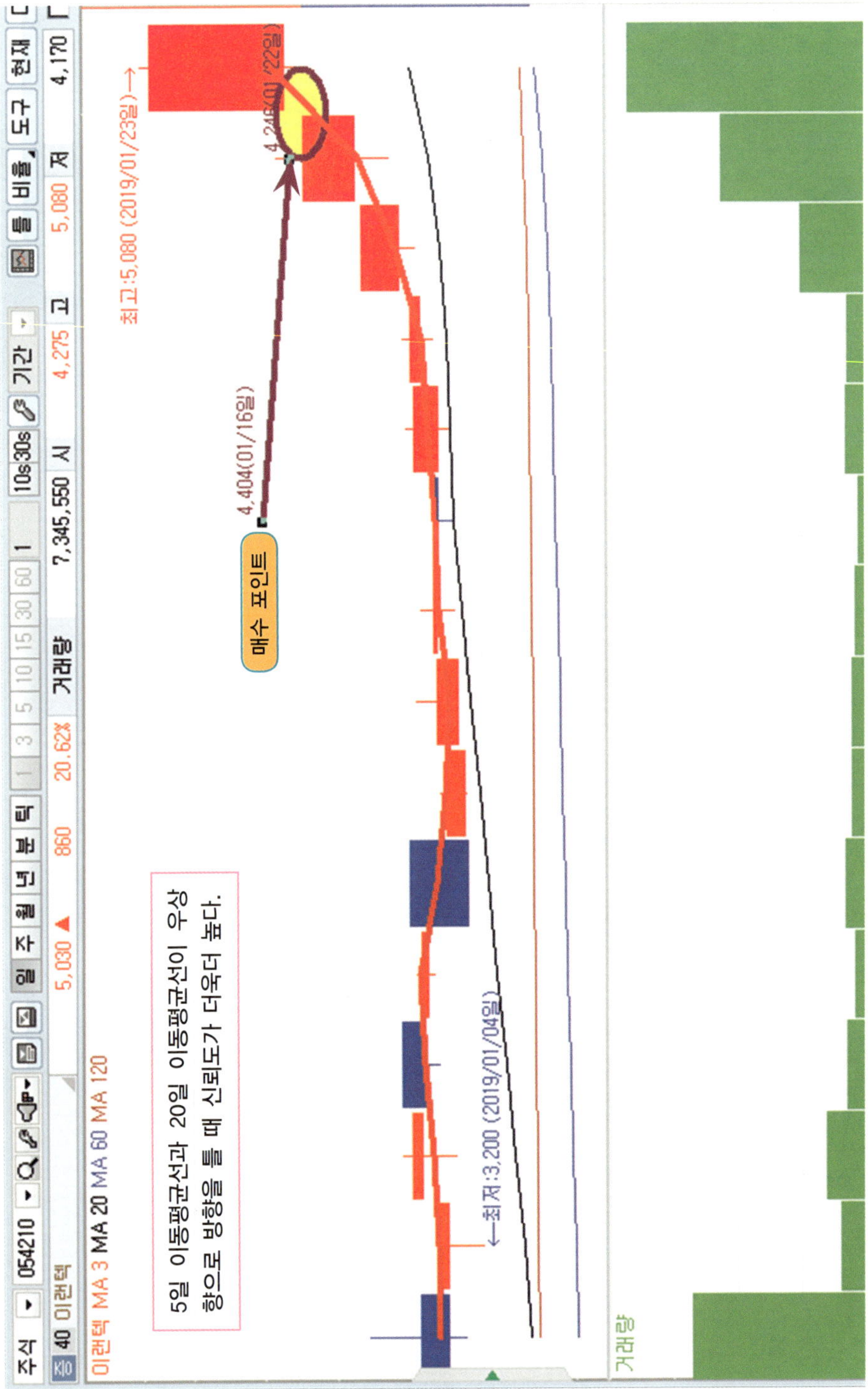

**차트 4 3일선 매매** 디지털대성 일봉

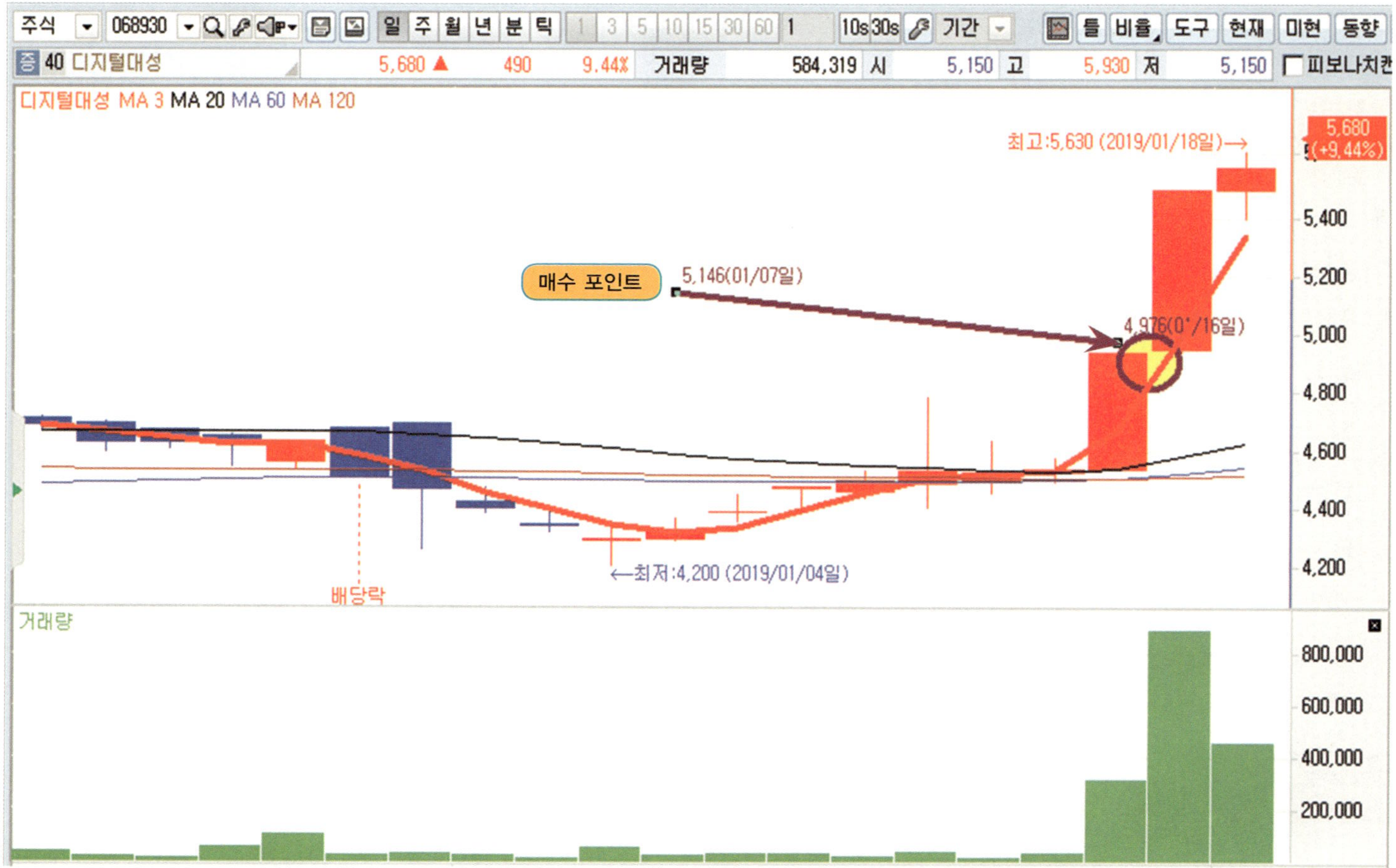

**차트 5 3일선 매매** 오이솔루션 일봉

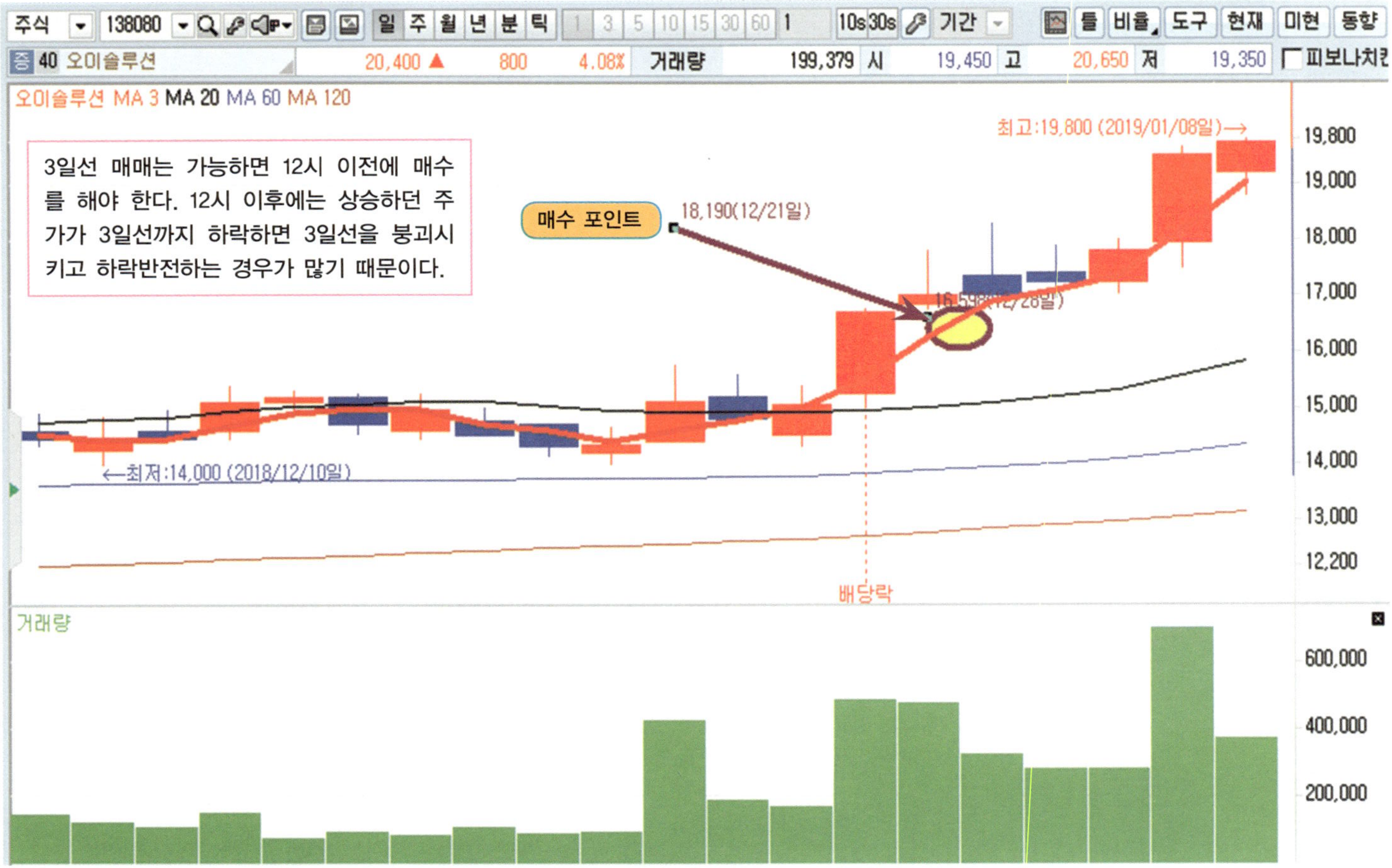

**차트 6 3일선 매매** 큐브엔터 일봉

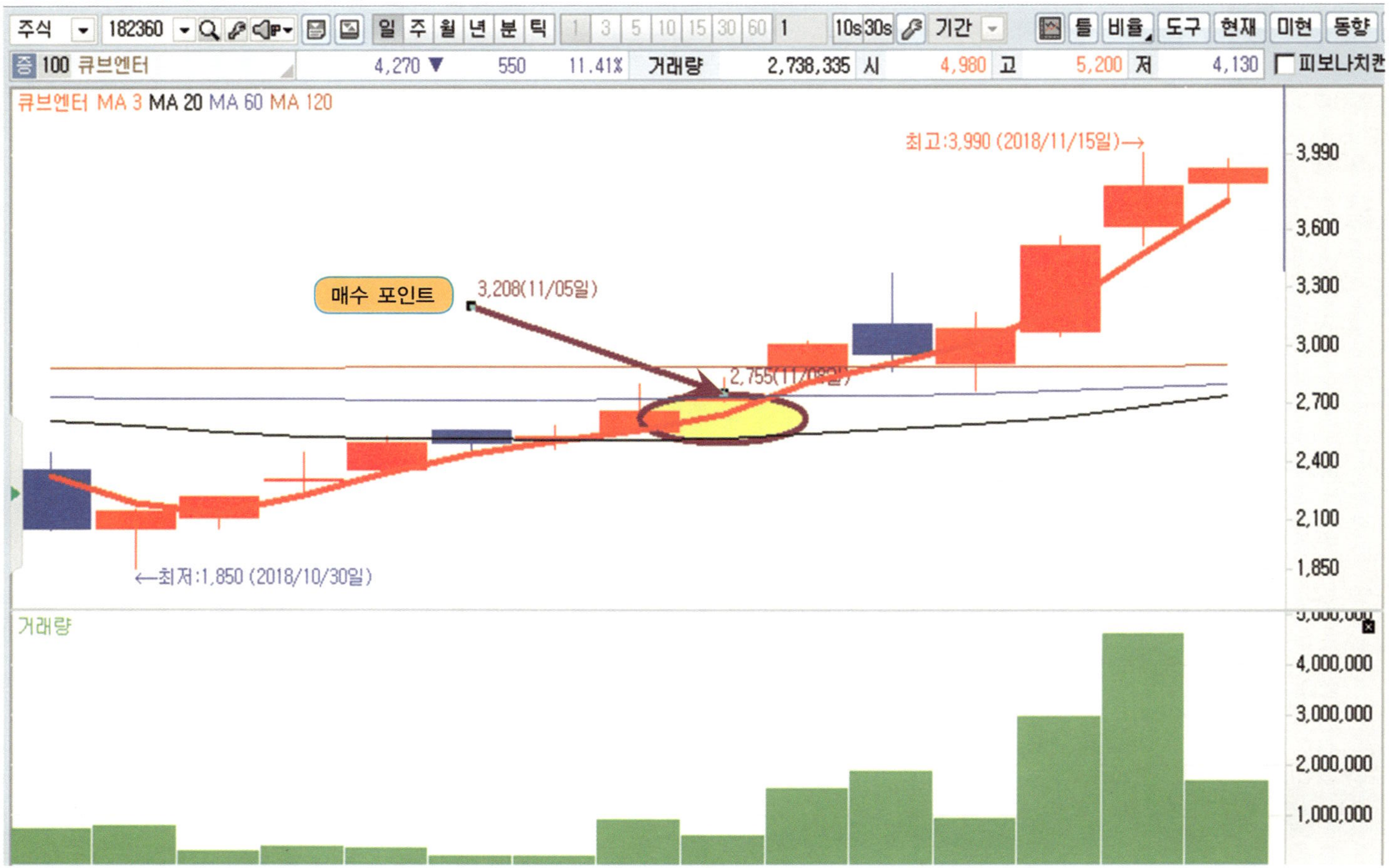

**차트 7 3일선 매매** 에스피지 일봉

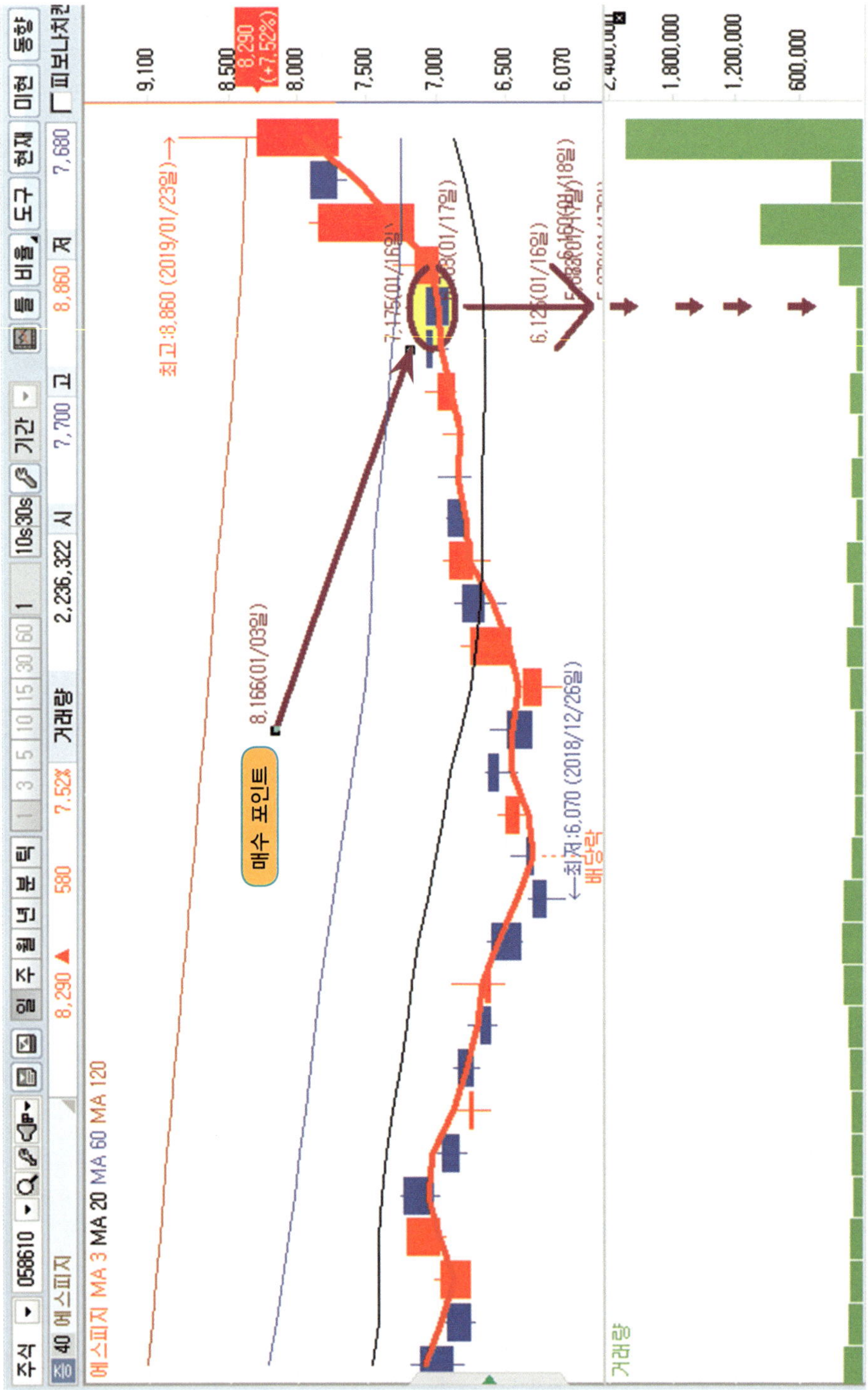

**차트 8 3일선 매매** 한국주강 일봉

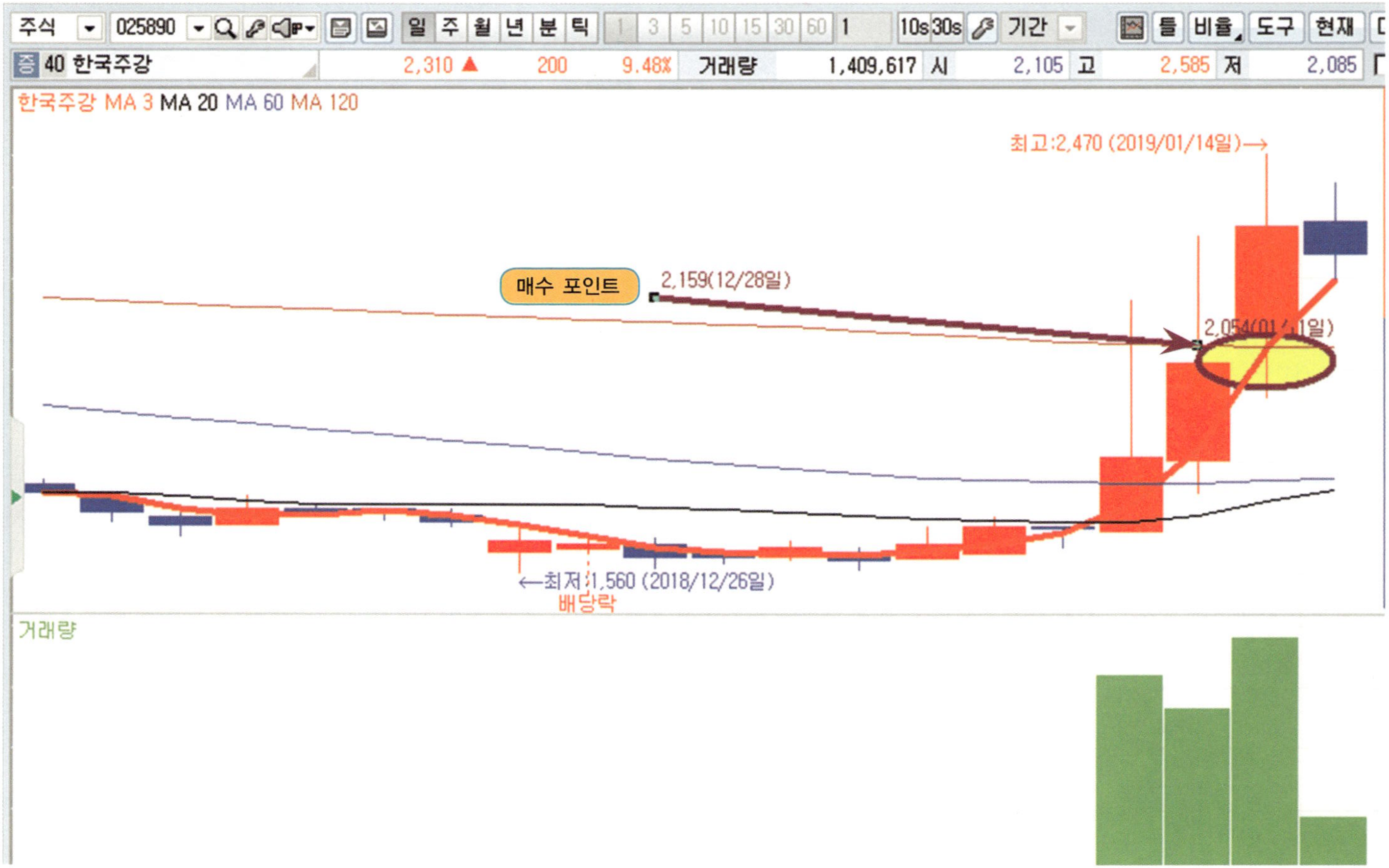

**차트 9 3일선 매매** HB테크놀러지 일봉

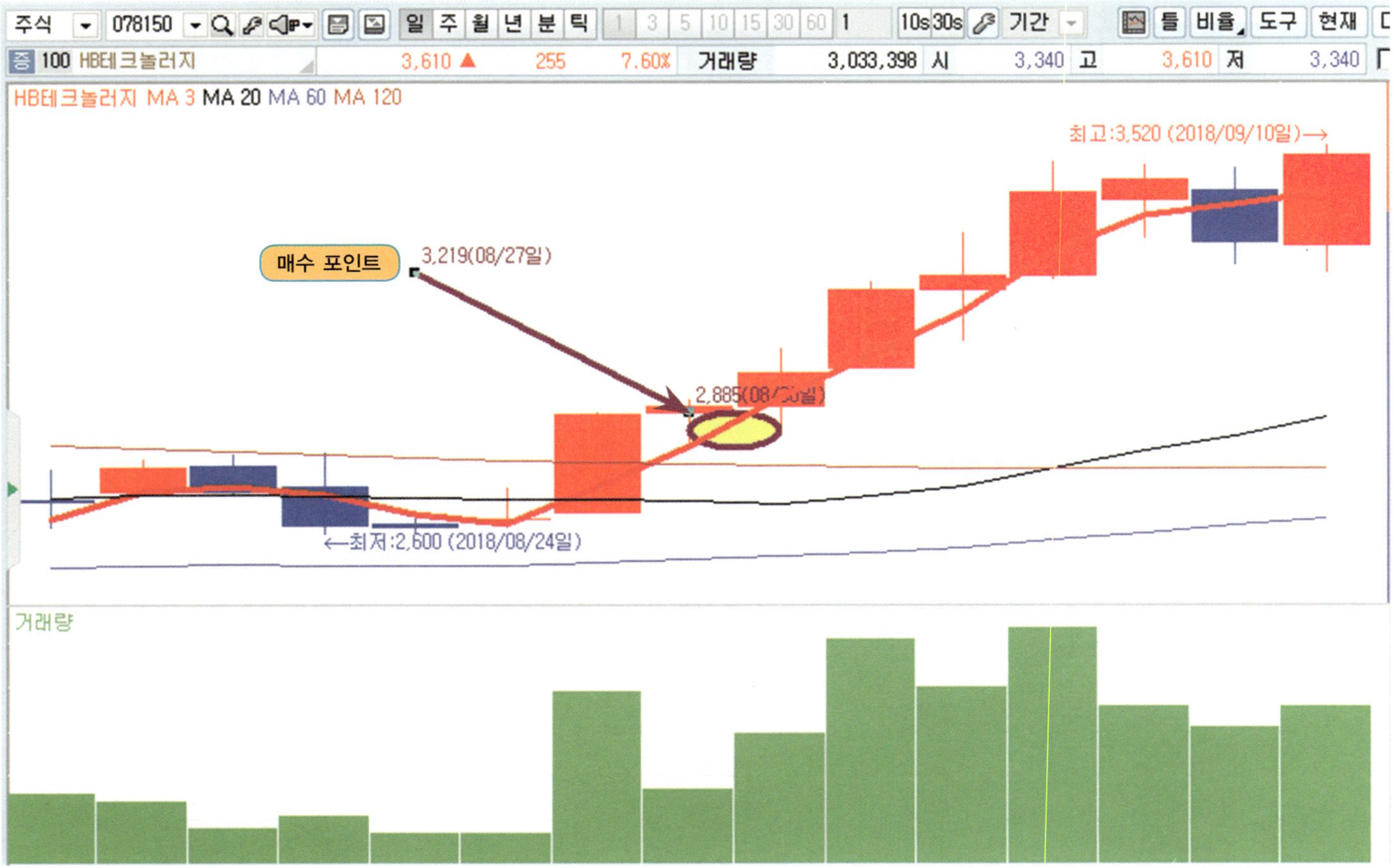

**차트 10 3일선 매매** 지어소프트 일봉

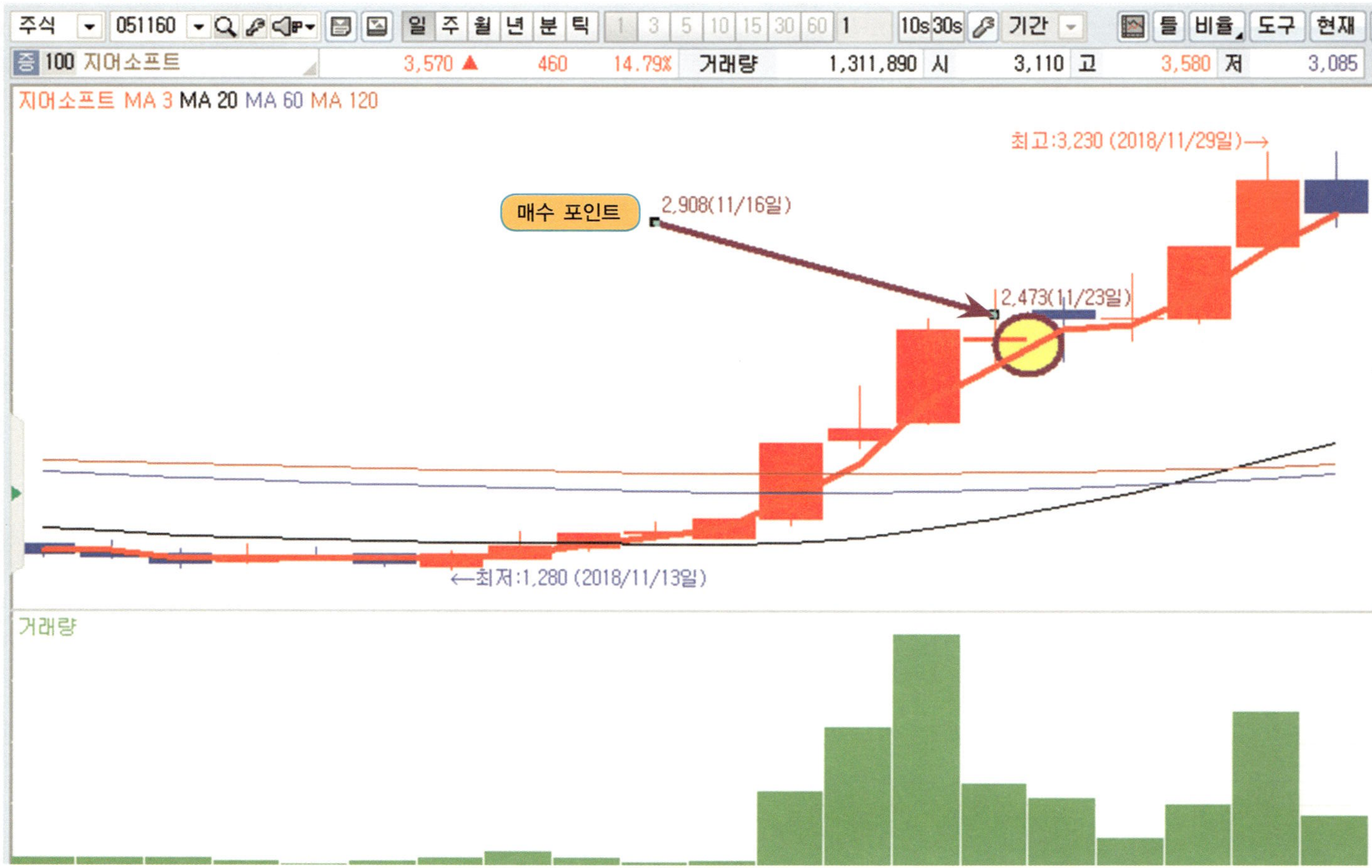

## 15
# 볼린저밴드 매매

**매수 맥점** : 볼린저밴드 중심선 우상향 턴 매수

볼린저밴드는 이동평균선의 폭을 이용하여 시세의 반전을 판단하기 위하여 만든 보조지표인데 밴드 중심선 상향 돌파 시 매수 관점이고 밴드 중심선 하향 붕괴 시 매도 관점으로 접근하면 되겠다.

다음 차트 1~10까지 디테일하게 분석해 보면 더욱 이해가 빠를 것이다.

**차트 1 볼린저밴드 매매** SK하이닉스 일봉

**차트 2 볼린저밴드 매매** 현대차 일봉

**차트 3 볼린저밴드 매매** LG화학 일봉

차트 4 볼린저밴드 매매 POSCO 일봉

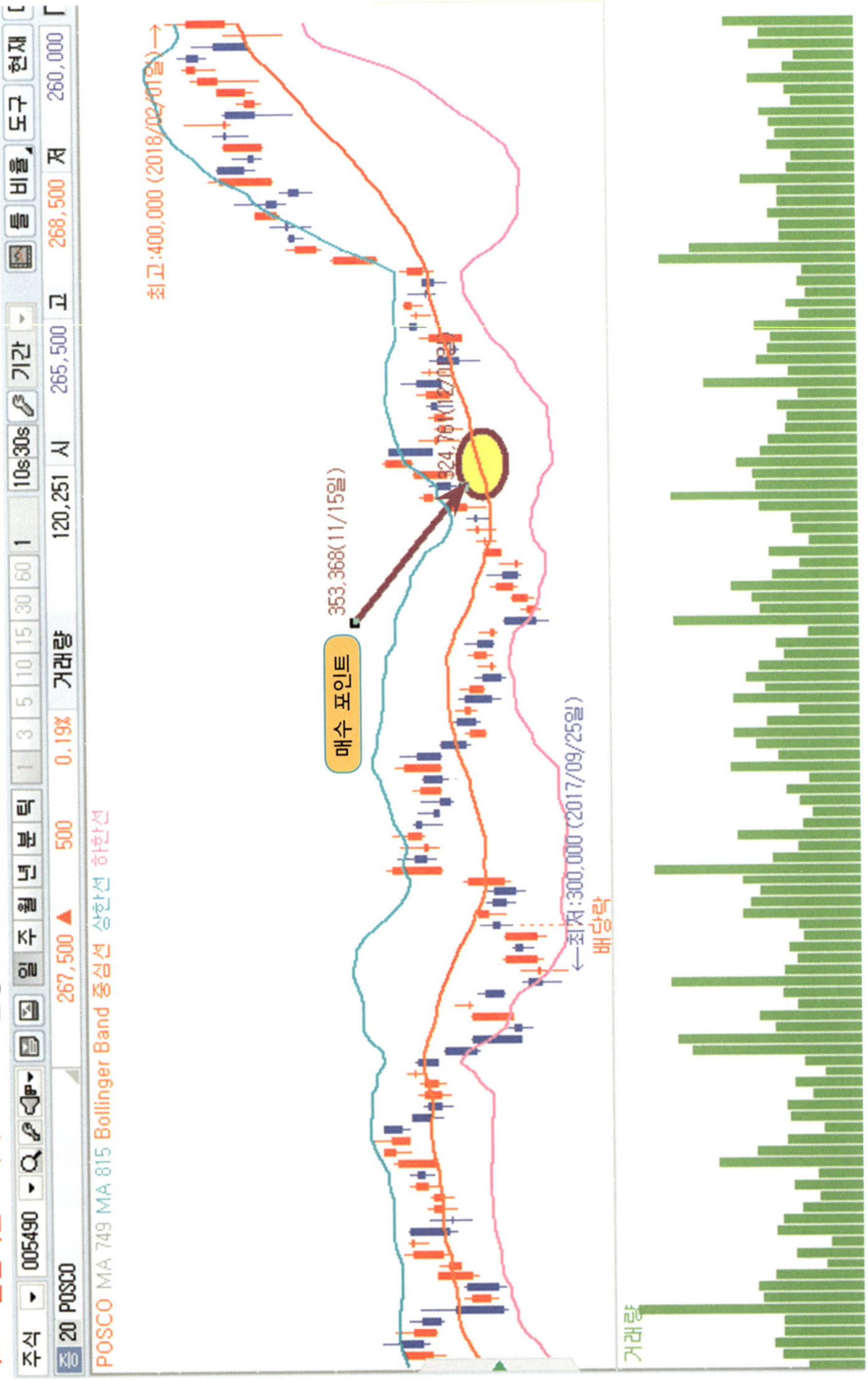

**차트 5 볼린저밴드 매매** 삼성물산 일봉

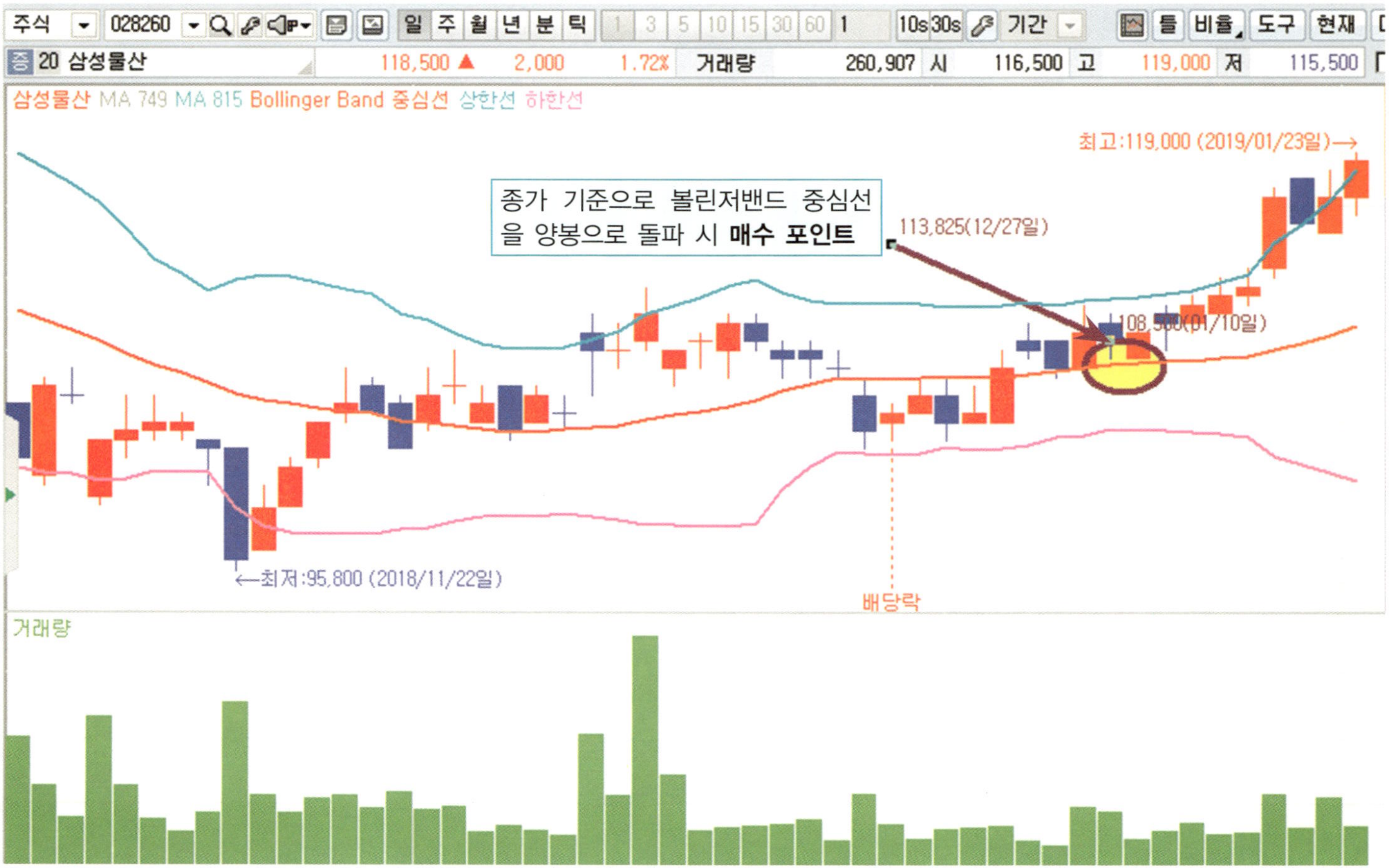

**차트 6 볼린저밴드 매매** SK텔레콤 일봉

**차트 7 볼린저밴드 매매** NAVER 일봉

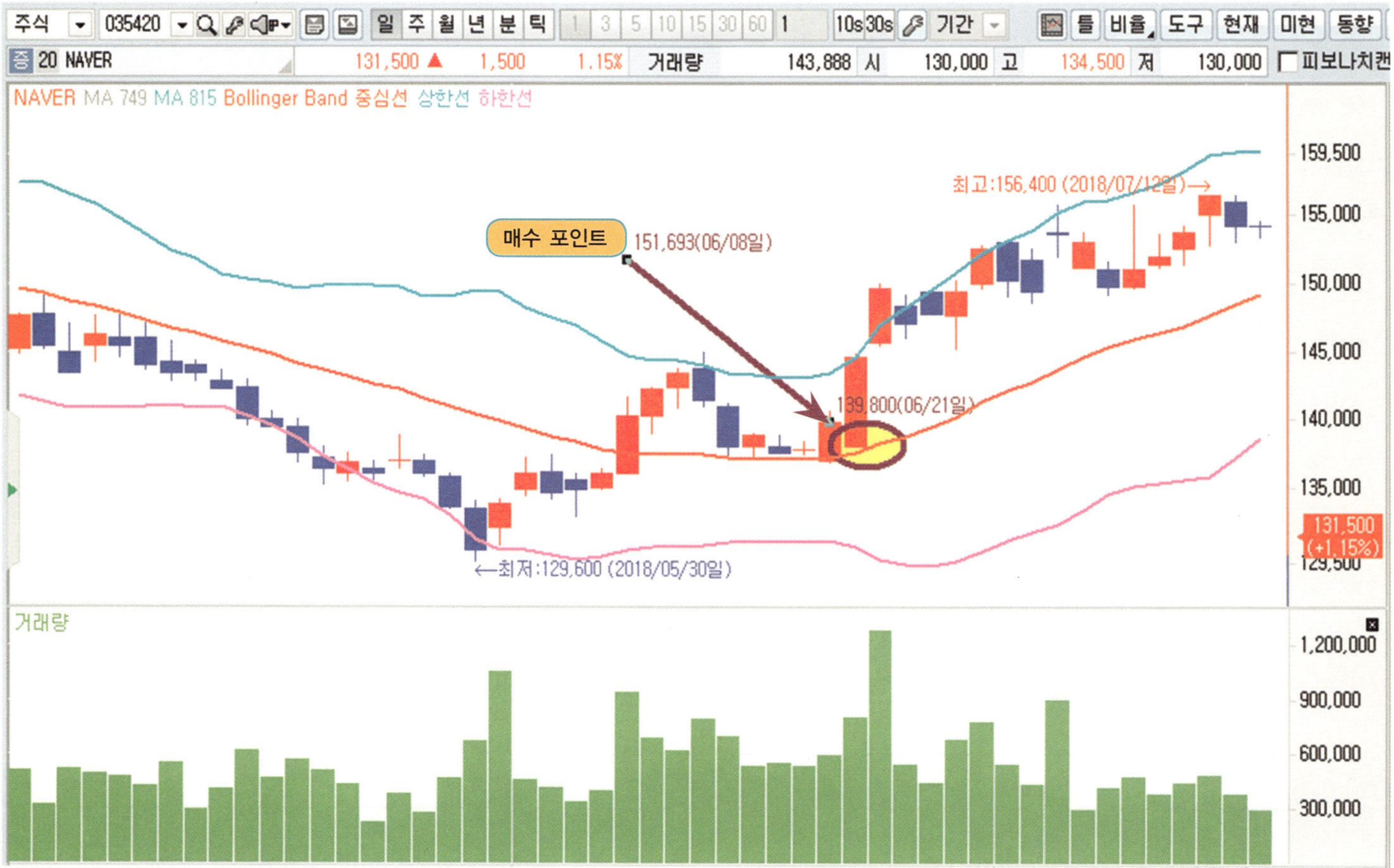

**차트 8 볼린저밴드 매매** 현대모비스 일봉

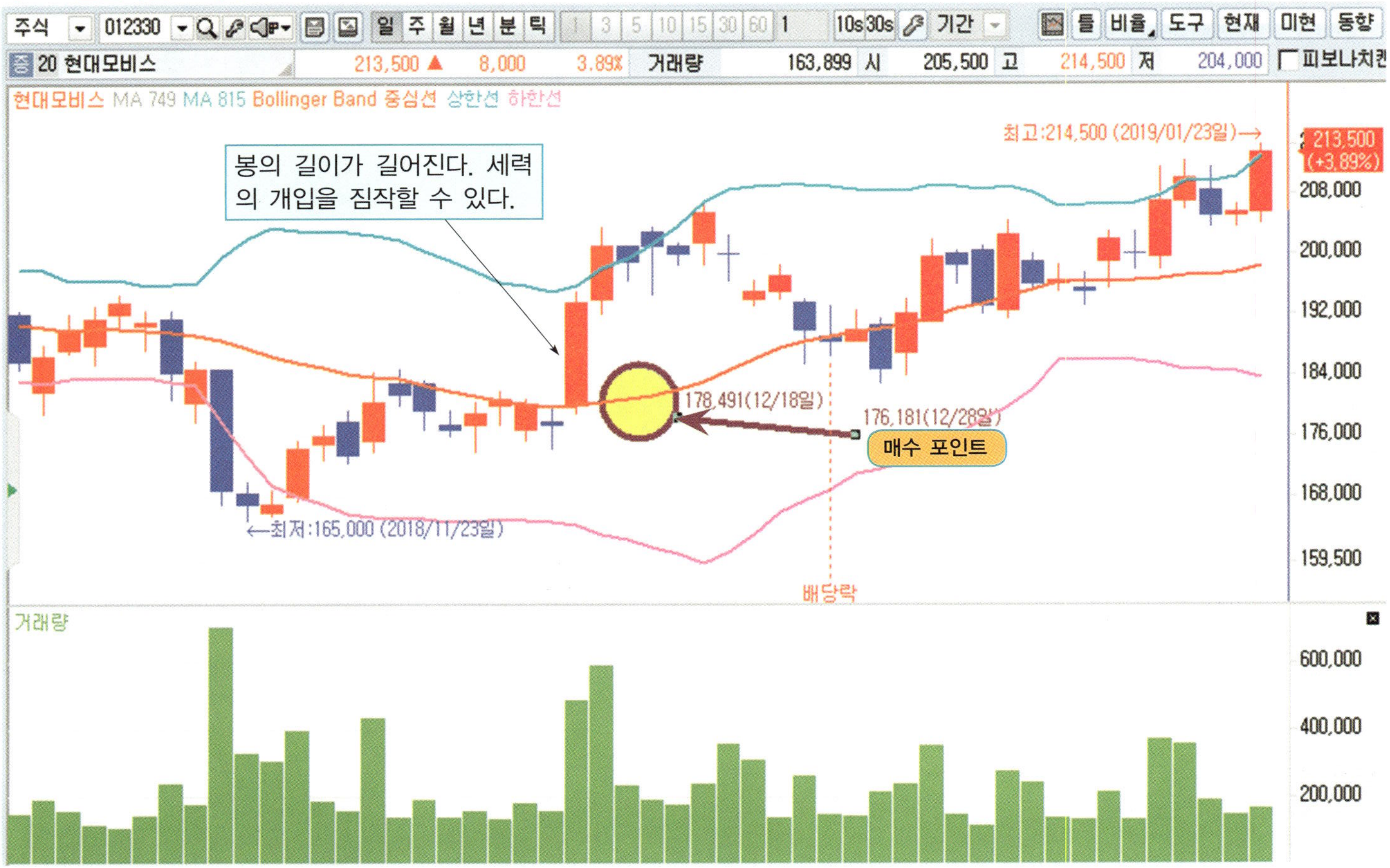

**차트 9 볼린저밴드 매매** 신한지주 일봉

**차트 10 볼린저밴드 매매** 삼성SDI 일봉

16

# 투자심리선 매매

**매수 맥점** : 투자심리 30 아래 첫 양봉 매수

투자심리선은 주식 투자자의 심리를 일정 기간 동안 파악하여 침체기인가 과열기인가를 나타내는 보조지표인데 30 이하에서는 매수 관점으로 접근하고 70 이상에서는 매도 관점으로 대응하면 되겠다.

다음 차트 1~10까지 정교하게 분석해 보면 더욱 이해가 빠를 것이다.

**차트 1 투자심리선 매매** 기아차 일봉

**차트 2 투자심리선 매매** KT&G 일봉

**차트 3 투자심리선 매매** 하나금융지주 일봉

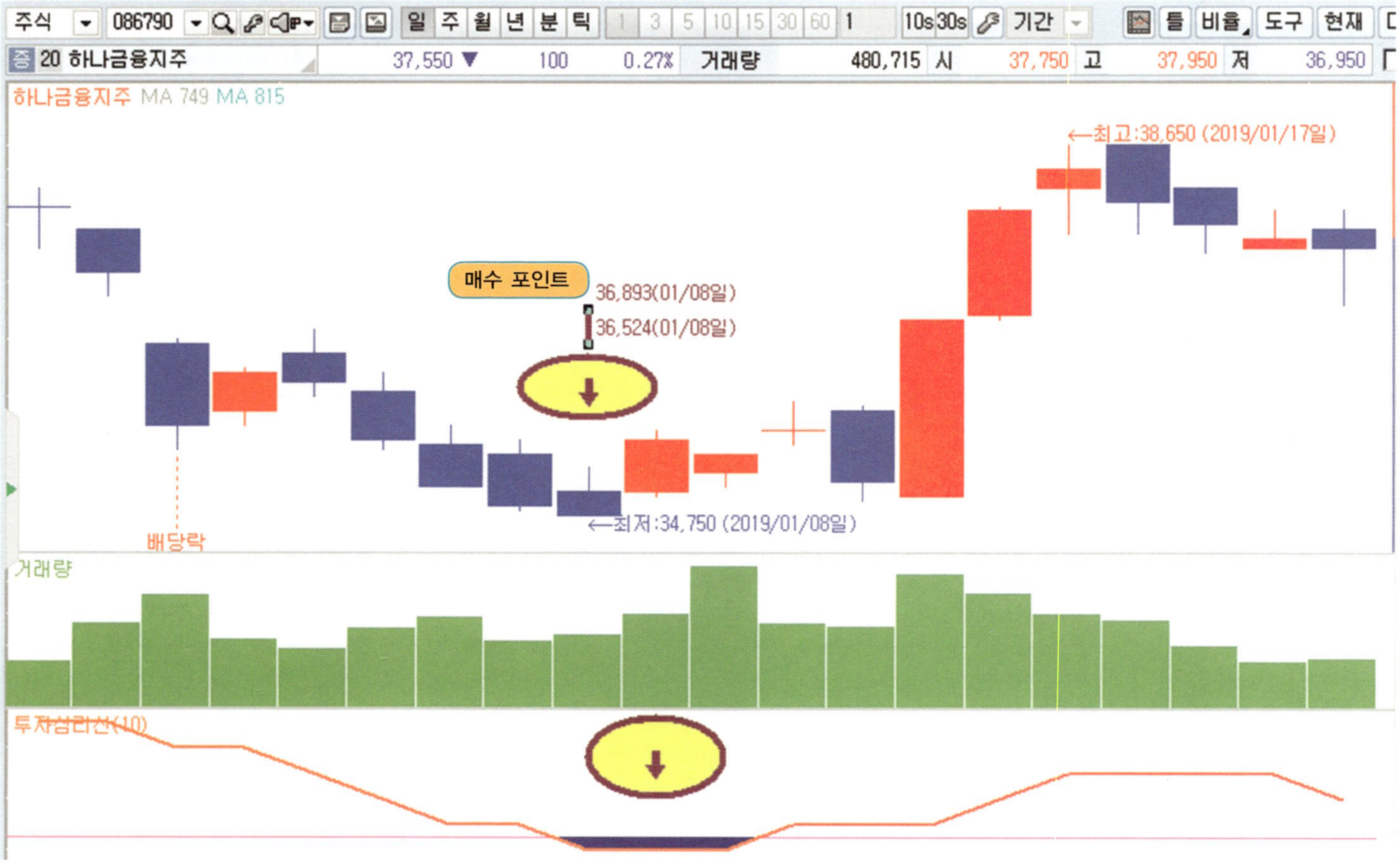

**차트 4 투자심리선 매매** S-Oil 일봉

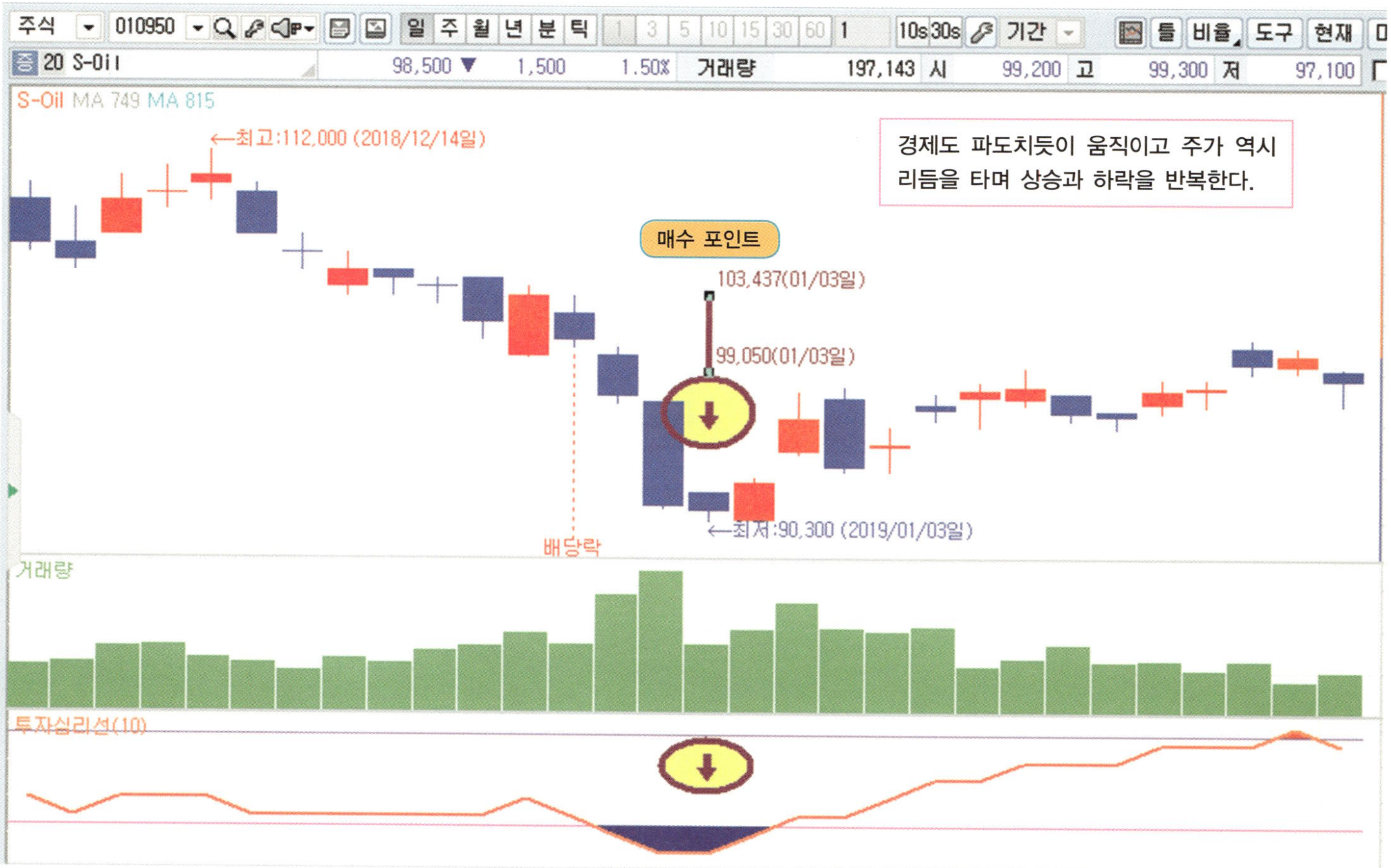

**차트 5 투자심리선 매매** 아모레퍼시픽 일봉

**차트 6 투자심리선 매매** 카카오 일봉

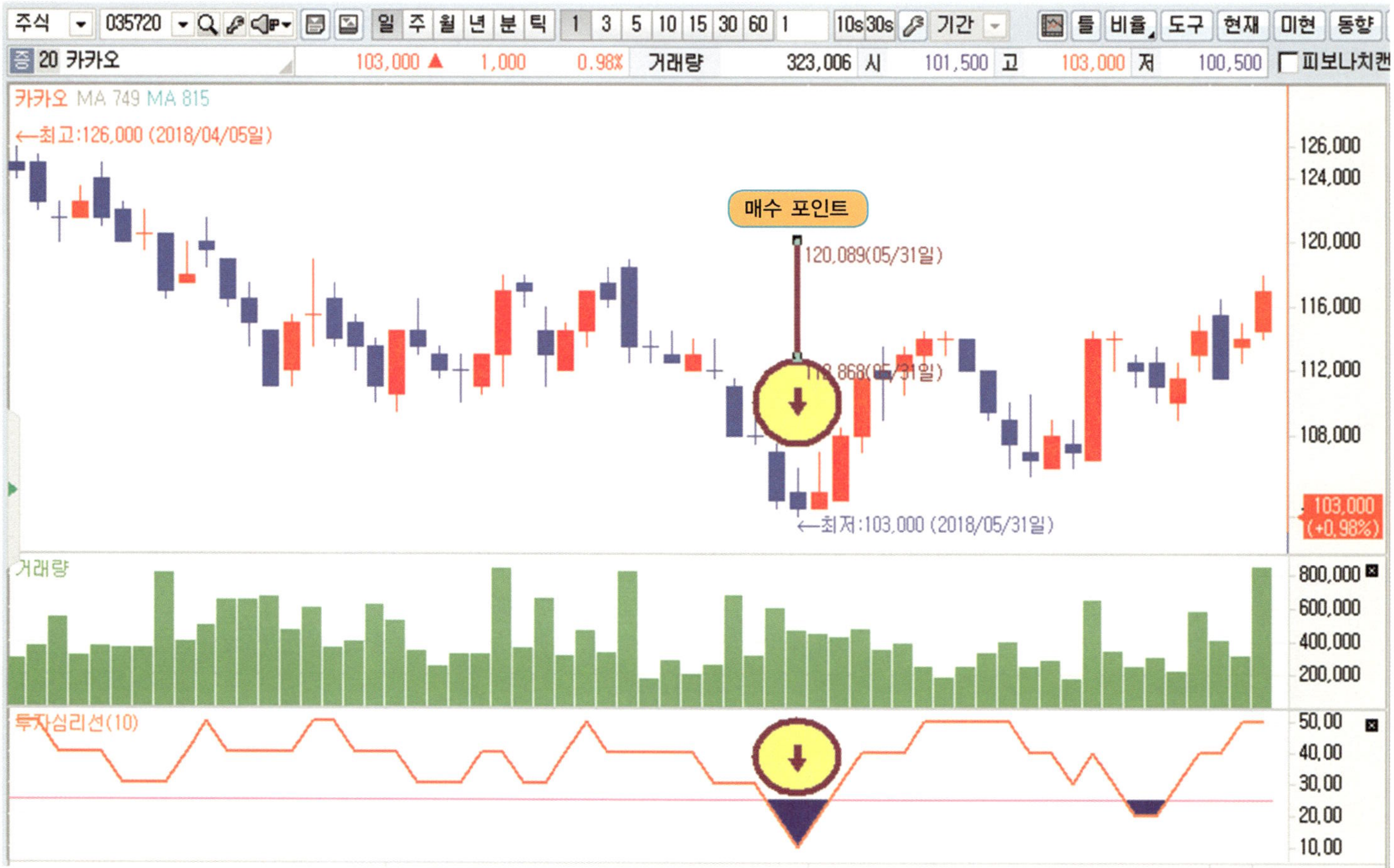

**차트 7 투자심리선 매매** 고려아연 일봉

**차트 8 투자심리선 매매** KT 일봉

차트 9 투자심리선 매매 LG유플러스 일봉

**차트 10 투자심리선 매매** 현대제철 일봉

17

# 주봉 매매

**매수 맥점** : 주봉 5주선 상승턴 매수

일봉보다는 더 큰 흐름을 나타내는 주봉 차트에서 매수 맥점을 잡아 매매를 하는 방법이다.

주봉 차트 5선 상향 돌파 시 매수 맥점을 잡는다.

다음 차트 1~10까지 디테일하게 분석해 보면 더욱 이해가 빠를 것이다.

**차트 1 주봉 매매** 현대글로비스 주봉

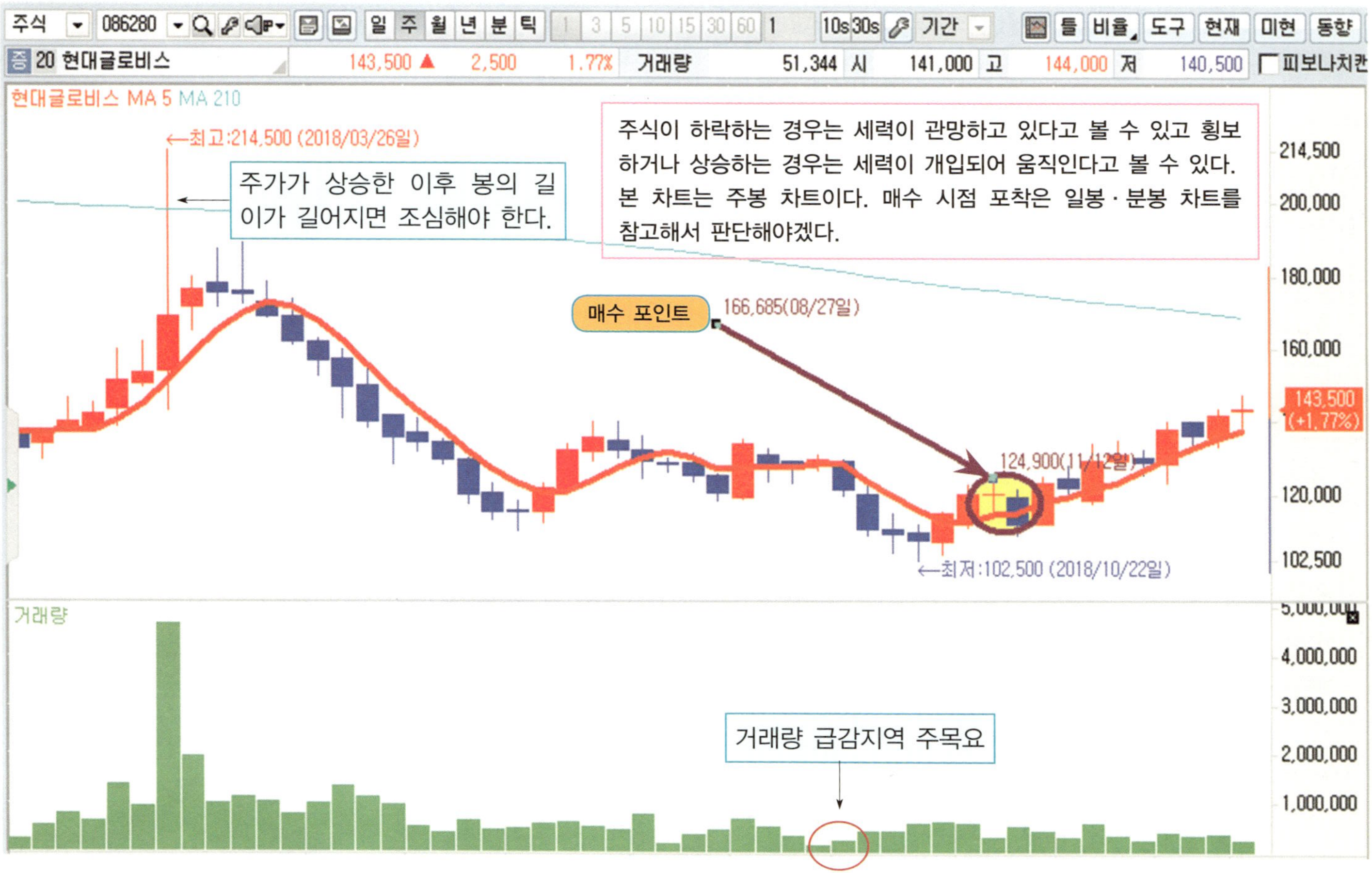

**차트 2 주봉 매매** 롯데지주 주봉

**차트 3 주봉 매매** 이마트 주봉

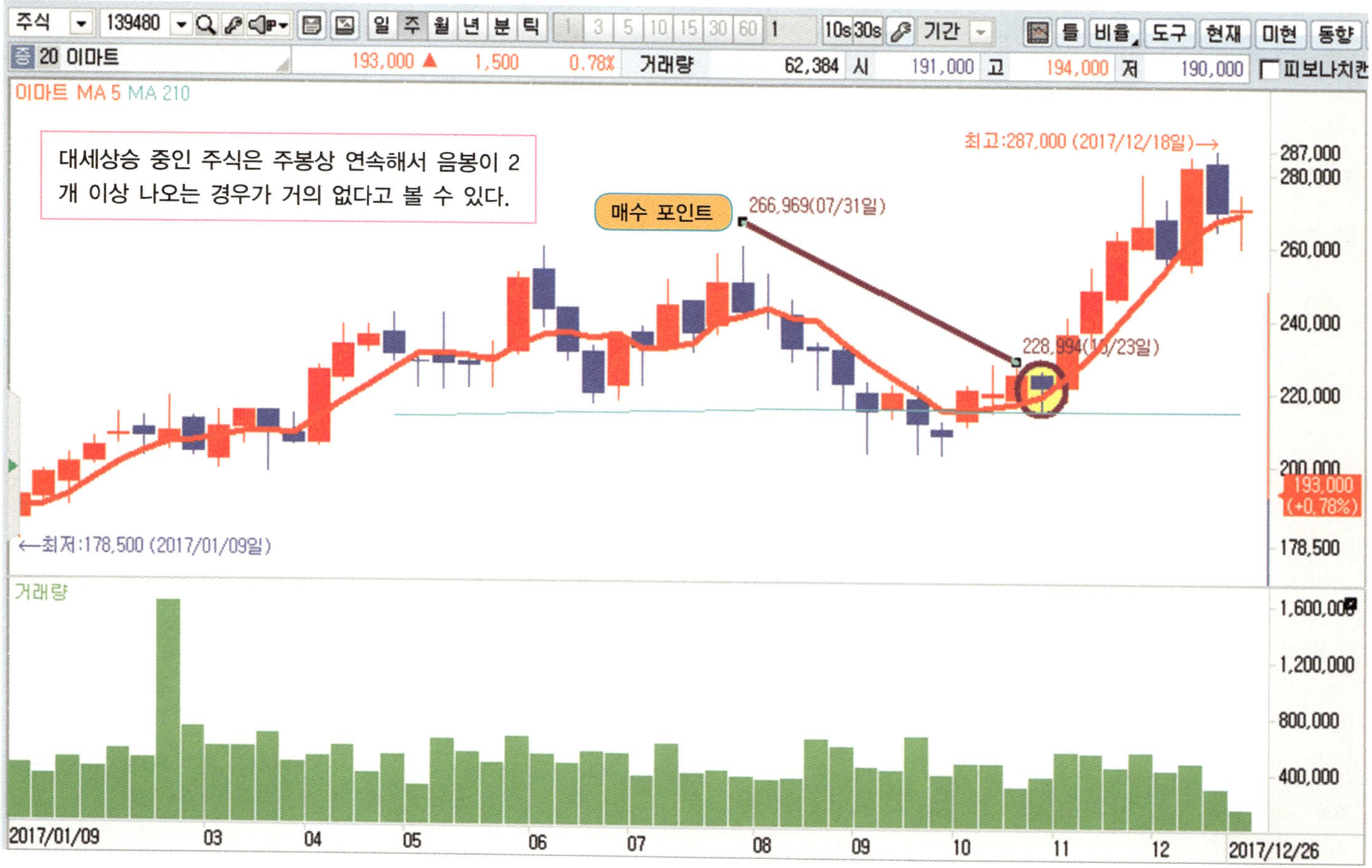

**차트 4 주봉 매매** 한국타이어 주봉

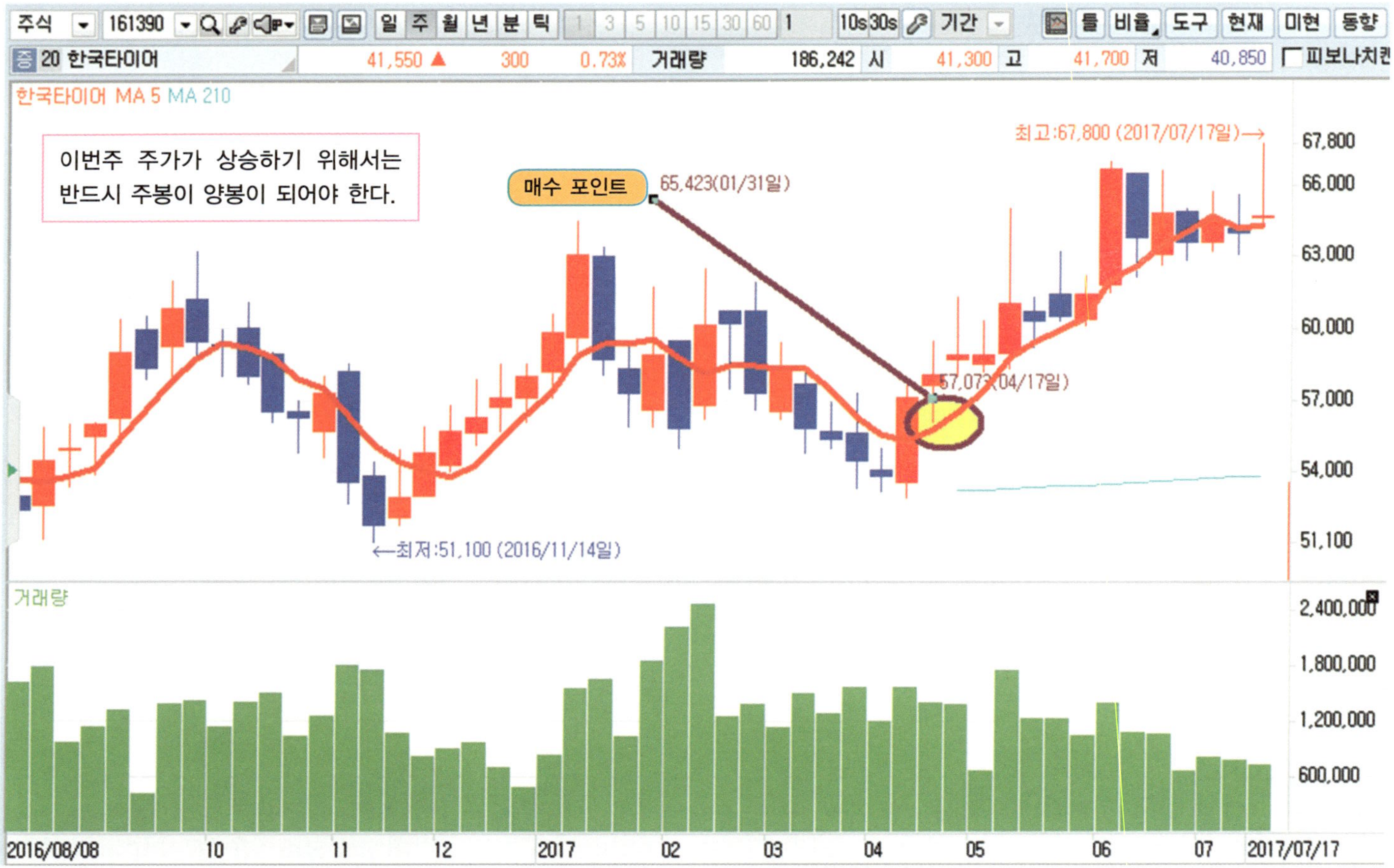

**차트 5 주봉 매매** 한국가스공사 주봉

**차트 6 주봉 매매** GS 주봉

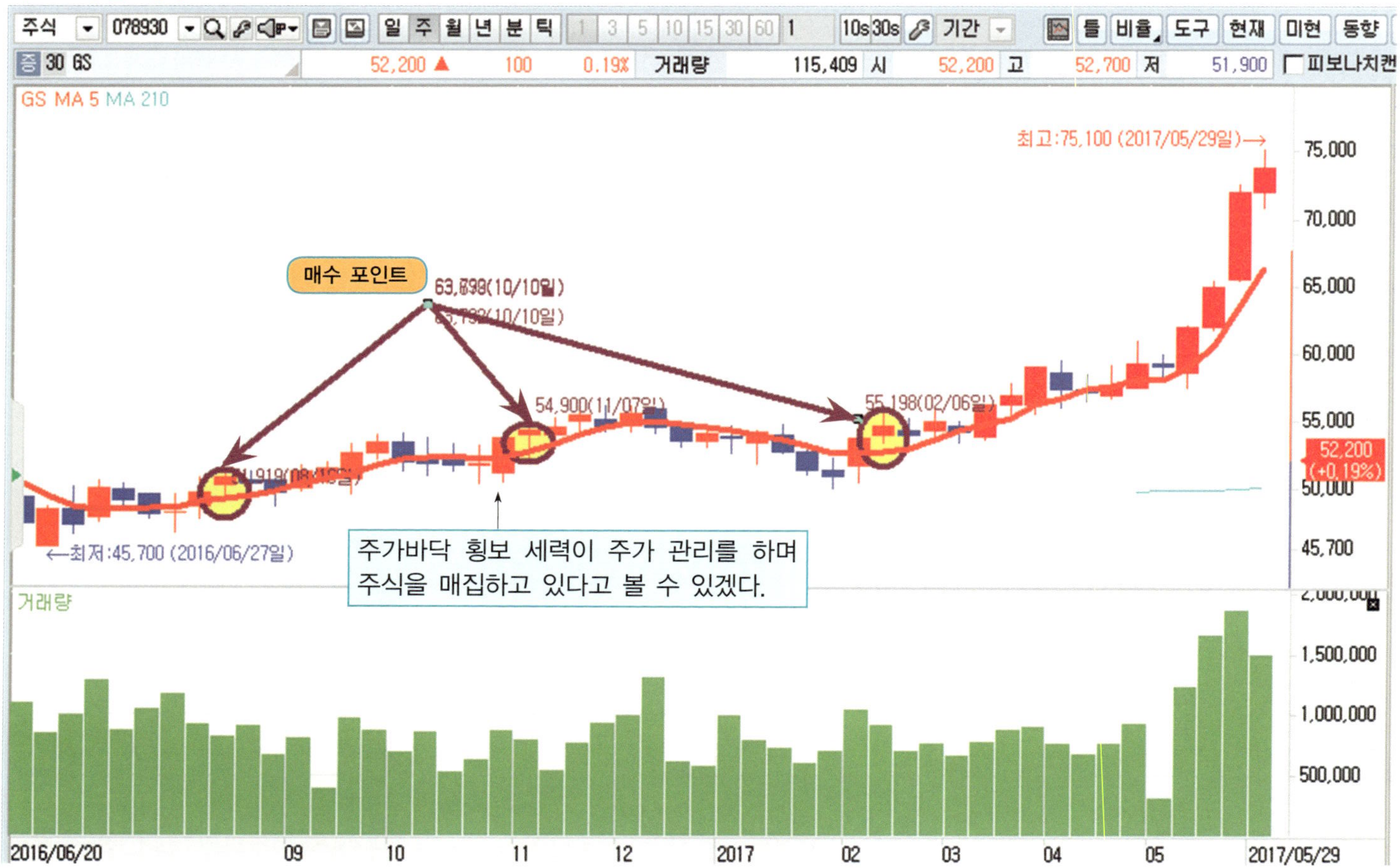

**차트 7 주봉 매매** 신라젠 주봉

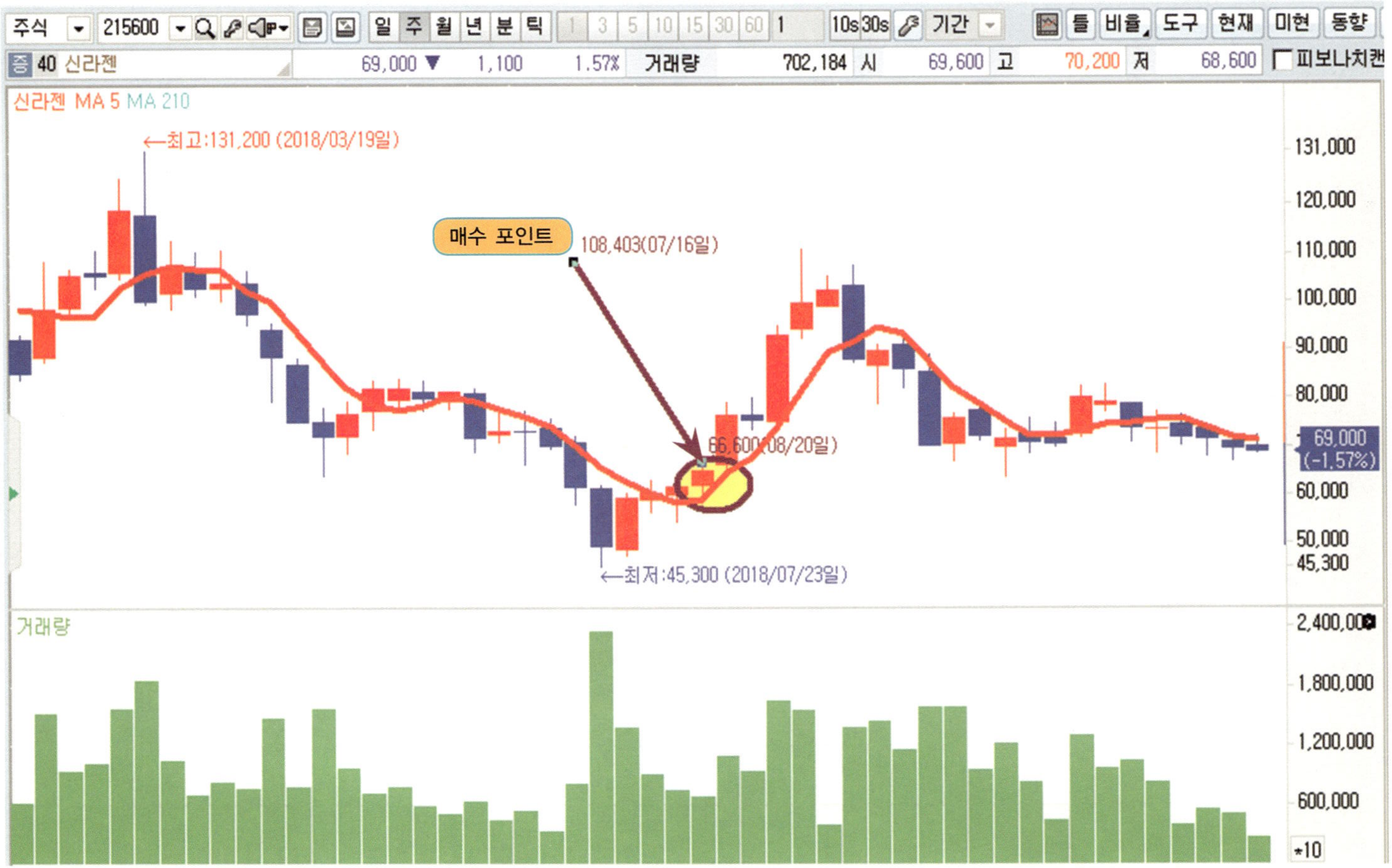

차트 8 기간 조정 매매 삼성카드 주봉

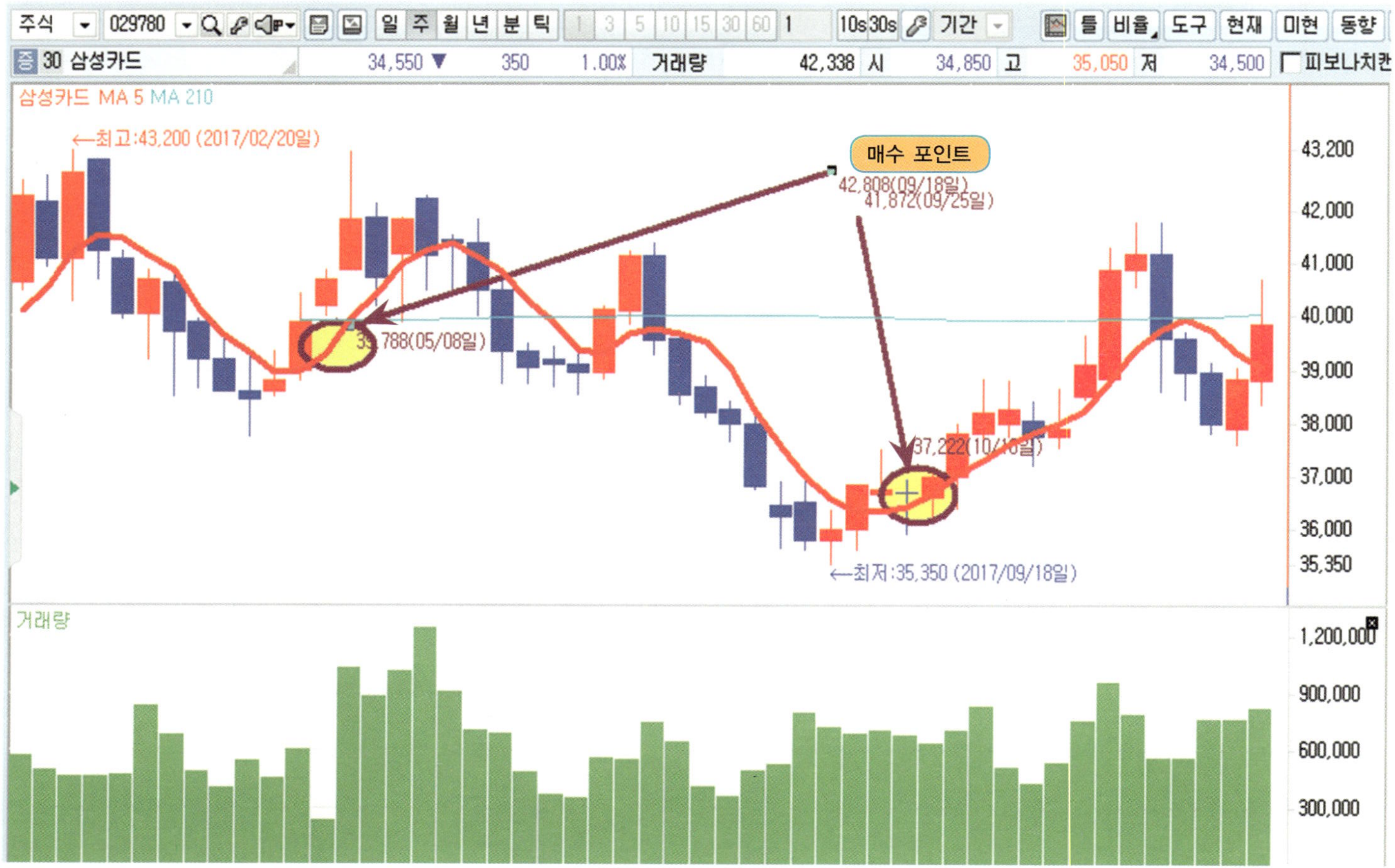

**차트 9 기간 조정 매매** 에스원 주봉

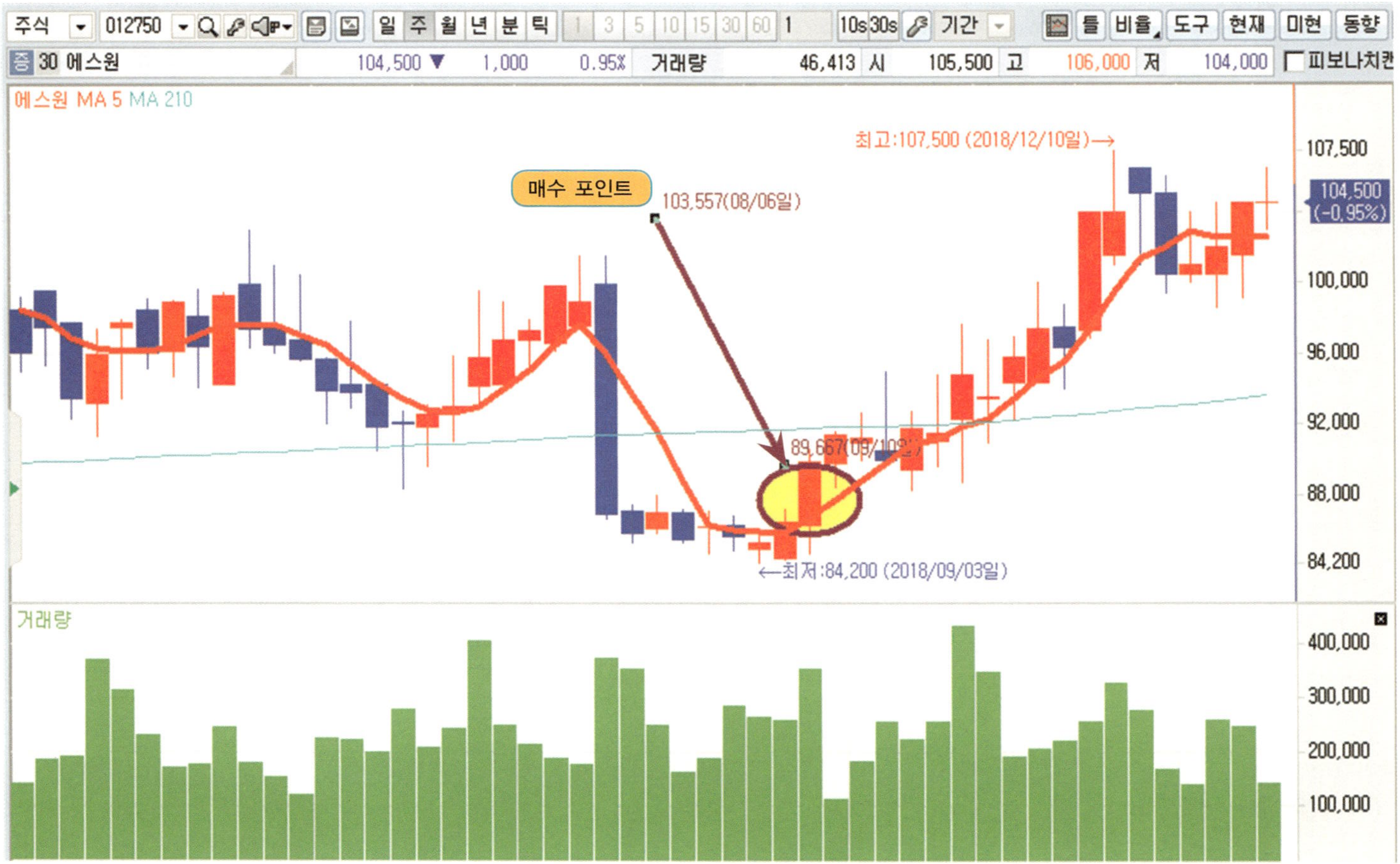

차트 10 기간 조정 매매 CJ대한통운 주봉

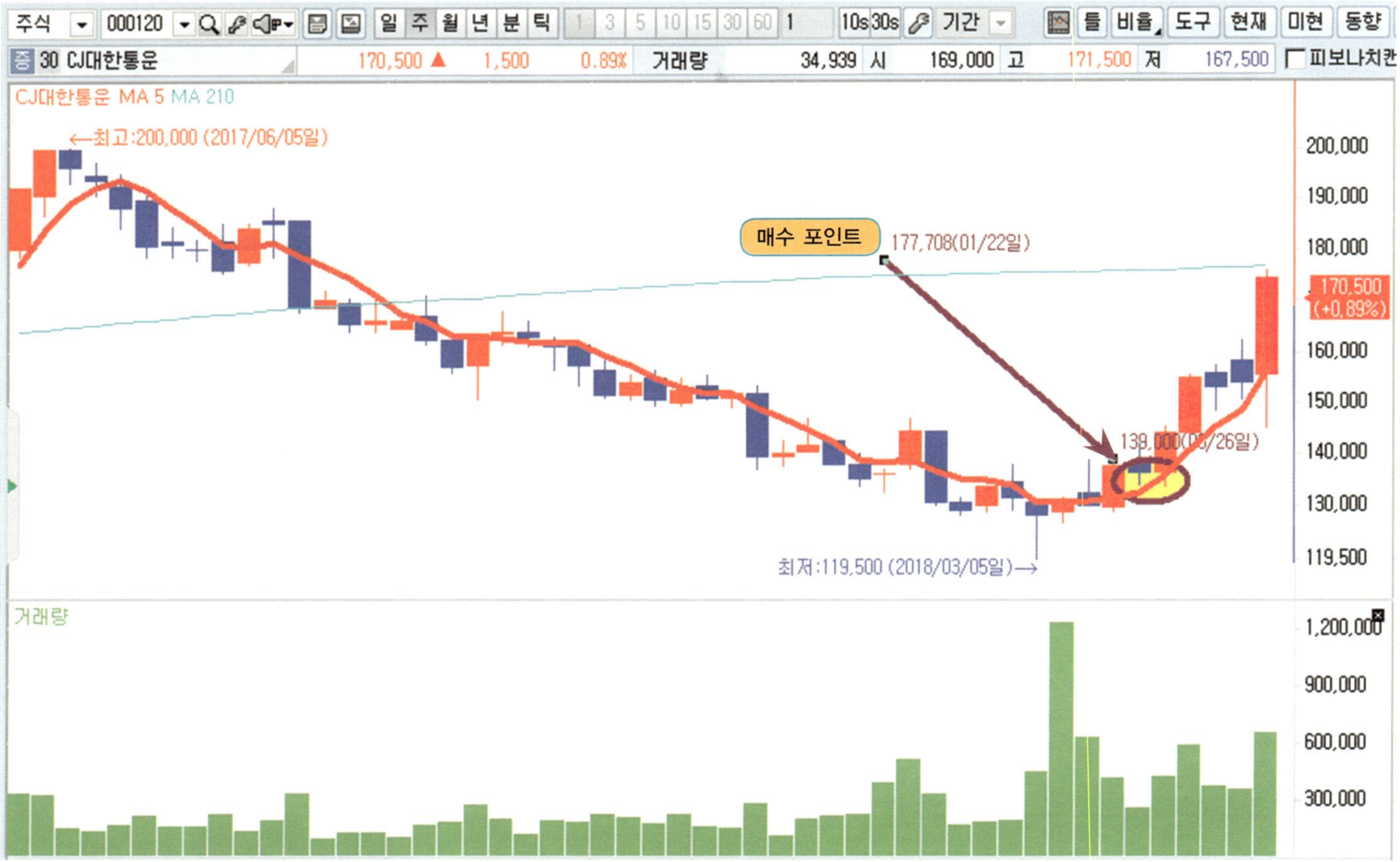

PART 04

# 내공 키우기

# 이기는 게임을 하기 위해서

- 주식 보유 기간보다 현금 보유 기간이 더 길어야 한다.
- 이익 시에는 서두르지 말고 손해 시에는 서둘러라.
- 확실한 재료 없으면 추격매수하지 말 것.
- 투자 시나리오를 가지고 매매에 임하라.
- 악재는 호재의 어머니이다.
- 손절매는 확실하게 실행하라.
- 인내는 투자의 중요한 덕목이다.
- 주식은 대중에 역행한다.
- 무릎에 사서 어깨에 팔아라.
- 시세는 시세에게 물어보라.
- 시장을 예측하지 말고 가는 대로 따라가며 손절매를 잘하라.
- 장 전체 흐름이 상승 기조일 때 투자하라.
- 큰 세력과 동행해야 성공한다.
- 주식은 반드시 오르면 내리고 내리면 오른다.
- 분할 매매를 하자.

- 지나친 추격매수는 이익을 내기 어렵다.
- 주식은 때를 사는 작업이다.
- 선도 세력을 따라가기 위해 차트를 본다.
- 이익을 내는 것보다 손실을 보지 않는 것이 더 중요하다.
- 대세 상승기는 주식을 장기 보유하라.
- 힘겹게 오르고 급락할 때는 쉬어라.
- 잘하기보다 틀리지 않으려고 노력하라.
- 실패한 투자는 반드시 되짚어 보아야 한다.
- 엄청난 인내심과 용기를 가져야 한다.
- 번 이익은 독수리처럼 챙겨라.
- 투자 일지를 꼭 작성하라.
- 꾸준히 노력하라.
- 차트를 볼 줄 알아야 한다.
- 욕심을 버려라.
- 정보를 무시하라.
- 손절매를 잘하라.
- 자신만의 수익 모델을 가져라.
- 놀이하듯이 즐겨라.
- 예측하지 말라.
- 포트폴리오 전략을 구사하라.
- 여유자금으로 투자하라.
- 미인주에 투자하라.

- 프로의 마인드를 가져라.
- 내 자신을 감동시킬 만큼 연구하라. 그리 하면 실전프로의 문이 열린다.
- 하수는 운으로 먹고, 고수는 실력으로 먹는다.
- 프로 트레이더는 철학이 있어야 한다.
- 장의 포로가 되지 말고, 장을 놀이터로 만들어라.
- 꿈이 있는 투자자는 늙지 않는다. 다만 실전 내공이 쌓일 뿐이다.
- 금융을 알아야 미래의 부가 보인다.
- 매매를 할 때는 이길 수밖에 없는 매매를 하라.
- 투자는 처음부터 끝까지 마음의 게임이다.
- 투자의 세계에서 주인이 될래? 머슴이 될래?
- 시세에 이유를 달지 말라. 가는 말이 잘 간다.
- 마음의 평안보다 더 행복한 것은 없다.
- 수익을 기대하기 어렵다면 움직이지 않는 것이 옳다.
- 투자는 세상에서 가장 큰 사업이다.
- 실패했다면 반드시 실패의 이유를 알아야 한다.
- 영혼이 평안하고 해피한 매매를 하자.
- 항상 최악에 대비하라.
- 승부할 때와 쉬어갈 때를 택하라.
- 내 몸을 시장에 맡겨라.
- 매매를 성공하려면 시장의 덫에 걸리지 마라.

- 미끼를 아까워하는 사람은 고기를 낚을 수 없다.
- 매매는 도 닦는 일.
- 승부할 때와 쉬어갈 때를 구분하라.
- 돈이 일하게 하라.
- 매매는 인문학과 기술의 융합.
- 나는 바보 → 시장은 신.
- 명분이 있는 자리에서 진입하라.
- 수익보다 진실한 것은 없다.
- 마음이 편해야 진짜 투자다.
- 칼날을 잡지 말고 칼의 손잡이를 잡아라.
- 투자는 대박보다 생존이 우선이다.
- 미래를 예측할 수 있다고? 꿈 깨라.
- 항상 대가를 각오해라. 공짜는 없다.
- 추세에 순응하라.
- 시장 앞에 겸손하라.
- 무리한 매매를 삼가해라.
- 무리한 욕망만 버린다면 많은 기회를 잡을 수 있다.
- 객관적인 판단 기준이 있어야 투자 인생이 바뀐다.
- 주식의 특이한 생리를 먼저 알아야 한다.
- 명확한 원칙, 규칙, 전략, 전술을 가지고 매매에 임하라.
- 인생은 정답이 없다. 투자도 정답이 없다. 그래서 내 기준이 답이다.

- 나 자신을 감동시킬 만큼 연구하고, 고민하라.
- 오직 실전 수익이 답.
- 자신의 영역 안에서 승부를 걸어라.
- 부자는 투자하고 빈자는 소비한다.
- 장을 정확히 읽고 투자에 임하라.
- 좋은 매매는 좋은 생각에서 나온다.
- 욕망을 위로하지 말라.
- 뭔가 잘 되지 않을 땐 복기 · 생각하며 작전상 후퇴.
- 투자의 테이블에는 무서운 수재들이 모두 모인다.
- 매매의 맥점은 시장이 만든다.
- 주식은 현재밖에 없다.
- 두려워하거나 걱정하거나 예측하거나 물타기 하지 말 것.
- 매매의 시장은 18급과 1단의 승부, 개인은 학살될 수밖에 없다.
- 투자는 시행착오를 겪으면서 성공 가능성을 높여가는 것이다.
- 오늘 행복이 답. 오늘 수익이 답.
- 올인 100%, 결국 아웃된다.
- 매매의 본질은 지는 것이다.
- 하늘은 다 주지 않는다.
- 실전프로는 자신을 의심하지 않는다.
- 실전 매매는 심리전이다.

- 시세의 파도에 몸을 실어봐야 실전 매매를 알게 된다.
- 행운 3, 기술 7.
- 대 · 소 · 중첩이 맥점이다.
- 투자 성공, 결국 홀로 서야 한다.
- 결국 이기는 베팅을 하라.
- 비율로 즐기며 자주 기회를 가져라.
- 무엇을 하느냐보다 어떻게 하느냐가 더 중요하다.
- 자신의 몸에 맞는 투자비책이 있어야 한다.
- 피라미 낚다가 월척을 낚는다. 월척만 노리면 쪽박 찬다.
- 돈은 빠르기 때문에 잡을 수 없고 다만 기다릴 뿐이다.
- 실패를 원치 않지만 실패에서 성공의 길을 찾을 수 있다.
- 100% 맞힐 수 없는 일에 시간과 에너지를 낭비하지 말라.
- 남이 못 하는 걸 해내야 남보다 조금 더 앞서갈 수 있다.
- 호랑이를 잡으려면 토끼를 잡을 때 쓰는 칼을 사용하면 안 된다.
- 칼을 잘 쓰는 무사는 칼을 쓰는 시간보다 칼을 가는 시간이 더 길 수 있다.
- 잠 설칠 매매는 하지 말라.
- 진입 시 손절가를 미리 정하라.
- 달리는 말에서는 내리지 말라.
- 수익보다 진실한 것은 없다.
- 매일 언제나 첫 마음으로 시작하라.

- 매매의 이치를 깨달아야 한다.
- 7을 얻고 싶으면 3을 줘라.
- 위험 관리, 수익 관리, 계좌 관리.
- 유연하면 부러지지 않는다.
- 실전 매매는 간단하고 쉽고 명확해야 한다.
- 같은 실수를 반복하지 않으면 성공한다.
- 원하는 것을 얻으려면 희생이 필요하다.
- 돈 잃는 법을 깨쳐야 성공한다.
- 이길 수 있는 게임만 베팅한다.
- 시장은 신이다.
- 진정한 고수는 손절도 즐긴다.
- 매매기법은 간단해야 하고 승률이 높아야 한다.
- 어떤 장이든 수익을 낼 수 있는 비책을 가져라.
- 투자는 인생과 같다.
- 모든 것은 변한다.
- 겨울에 눈이 올 때 얼음을 얼려라.
- 여름에 햇볕이 쨍쨍 내리쬘 때 빨래를 말려라.
- 삼라만상의 모든 현상들이 모두 다 차트 안에 녹아 있다.
- 추세 반전은 절대 개인이 만들 수 없다.
- 이평선 수렴에서 파동이 시작된다.
- 매매를 즐기는 사람이 이긴다.
- 수익의 기회를 세계로 넓혀라.

- 주식은 경제의 그림자다.
- 같은 듯 하면서 다르고 다른 듯 하면서 같다.
- 실행을 즐기는 것이 '답'이다.
- 즉흥적 매매는 결국 필패한다.
- 흔들림 없는 투자 원칙을 세워라.
- 아무도 모른다. 그래서 내 원칙이 답이다.
- 모든 기법은 상황에 맞게 활용하라.
- 추세에는 캔들 추세, 이평선 추세, 가격 추세가 있다.
- 세력이 움직이면 같이 움직여라.
- 알고 있는 지식을 깨달아야 한다.
- 장과 부딪치지 말라.
- 심리에서 이겨야 한다.
- 장이 쉼을 요구할 땐 쉬어라.
- 홈런 타자는 함부로 방망이를 휘두르지 않는다.
- 가볍게 맞아주고 정확하게 때려라.
- 밀짚모자는 겨울에 사고 털장갑은 여름에 사라.
- 실전프로는 감정의 기복을 보이지 않는다.
- 장이 시작되면 나는 '기계'로 변한다.
- 쉬는 것도 투자다.
- 무릎에 사서 어깨에 팔아라.
- 리스크 관리는 아무도 대신해 주지 않는다.
- 손절 잘하고 장이 수익을 줄 때까지 기다려라.

- 가장 큰 적은 욕심이다.
- 인내는 성공의 문을 연다.
- 내가 행복할 수 있는 매매만 하라.
- 잃으면서 지혜를 터득한다.
- 승리 비책 99%는 위험 관리. 살아 있어야 좋은 날을 본다.
- 요행을 바라는 매매는 결국 필패한다.
- 탐욕을 버리는 것이 가장 큰 탐욕이다.
- 나다운 매매를 행하라.
- 투자 잘하는 데 늦음이란 없다.
- 매매는 철학, 인생, 사상 그 자체이다.
- 투자자의 혈액형은 I형이다.
- 어떤 장애도 대처할 능력을 갖춰라.
- 실패자는 자신을 100% 바꿔야 성공이 보인다.
- 세상에 위험하지 않은 일은 없다. 단, 얼마나 잘 알고 행하느냐의 차이이다.
- 미래를 알 수 있다고 생각하는 사람이 가장 위험하다.
- 상승, 하락, 박스, 굴곡장 구분 후 매매에 임하라.
- 리스크를 과소 평가하는 한 위기의 역사는 반복된다.
- 명분이 있는 자리에서 포지션을 진입하라.
- 투자는 마라톤이다.
- 일관되고 꾸준한 실행.
- 절대 추세를 놓쳐서는 안 된다.

- 선이 모이면 발산한다.
- 분봉, 일봉, 주봉, 월봉, 지지, 저항을 체크하라.
- 이동평균선 공간에서는 진입하지 말라.
- 1, 3, 5파와 A, C파동을 노려라.
- 대박보다 꾸준한 수익이 좋다.
- 78 : 22 법칙을 명심하라.
- 큰 실패 없이 큰 성공도 없는 것이 주식투자의 세계다.
- 적은 손실, 큰 수익 누적이 답이다.
- 실전프로는 자제자족할 줄 아는 사람이다.
- 정보의 3요소는 신선도, 정확도, 신속도.
- 이평선의 칼 끝을 체크하라.
- 흔들리지 않고 나아가는 배는 없다.
- 손절은 있어도 실패는 없다.
- 하수는 예측하고 고수는 대응한다.
- 매매의 세계에서 트릭은 기본이다.
- 부드러움이 강함을 이긴다.
- 고수에게는 투자이지만 하수에게는 도박이다.

# 주식 실전투자 노하우

**초판 1쇄 인쇄** 2019년 4월 1일
**초판 1쇄 발행** 2019년 4월 8일

**지은이** 강현수
**펴낸이** 박기남
**책임편집** 차은지
**기획 · 영업** 박정헌
**펴낸곳** **율곡출판사**
08590 서울시 금천구 가산디지털1로 84(에이스하이엔드 8차), 803호
**전화** (代) 02) 718-9872/3
**팩스** 02) 718-9874
**홈페이지** http://www.yulgokbooks.co.kr
**이메일** yulgokbook@naver.com
**등록** 1989.11.10. 제2014-000031호
ISBN 979-11-87897-59-0 03320

**정가 18,000원**